차은진의 **유아**

# 노래극

창지사

# 머리말

유아교육 기관에서 유아의 자유 선택 활동 중 선호하는 놀이가 있다면 역할 놀이일 것입니다. 그리고 대소그룹 활동 시 유아 참여도가 높은 단위 활동은 동화입니다. 이 두 가지 활동이 동시에 이뤄지면서 노래와 신체 표현, 말하기, 미술 활동을 함께 할 수 있다면 교사로서 일과 운영을 알차게 구성했다고 볼 수 있습니다.

노래극은 유아교육 기관의 단위 활동을 모두 합한 통합적이고 입체적인 활동으로 생동감이 넘치는 활동입니다.

노래극은 우선 동화를 이해하여 극에 적절한 노래를 배우고, 상황에 맞는 대사를 만들고 배역을 정해 소품과 의상을 의논하여 미술 활동을 하고, 무대를 꾸미고 시작부터 끝까지 순서에 따라 무대를 이동하며 공간을 효율적으로 이용하는 방법을 터득하는 등 누리과정의 5개 영역이 그대로 녹아 있어 노래극을 경험한 유아는 유아 시기에 배워야 할 것들을 보다 흥미롭게 습득할 수 있습니다.

30여 년을 유아교육 기관에 몸담고 있으면서 현장에서 많은 유아를 만났습니다. 유아들은 노래극을 통해 자신의 잠재력을 발견하여 다양한 표현을 시도하고 자신감 있게 스스로를 나타내는 것을 즐거워합니다. 하나의 노래극이 끝나면 새로운 노래극을 기다리며 기대감과 설렘으로 수업에 참여하는 유아들의 모습을 보면서 유아의 자존감을 세워 주기 위해 주제에 맞는 노래극을 새롭게 만들어 보았습니다.

노래극의 전개 방법을 소개하는 동화로 기존의 「혹부리 영감님」과 더불어 생활 주제에 부합하는 '감정'에 대한 노래극을 삽입했고 전래 동화와 이솝 동화에 이어 생활 주제에 맞는 창작 동화를 더하였습니다. 현장에서 주제에 맞는 활동을 선택하여 동극과 노래가 활발하게 이루어지기를 바랍니다.

오래전에 비해서는 유아교육 기관에서 많은 교재와 교구를 손쉽게 구할 수 있지만 유아의 자율성을 위해 다양한 활동을 진행하기는 날이 갈수록 어려워지고 있습니다.

또한 컴퓨터를 이용한 멀티 활동이 주류를 이루고 있는 현장에서 노래극은 어렵고 반드시 실행하지 않아도 되는 활동이라고 인식하고 있는 것에 안타까움을 느낍니다.

그러나 유아 노래극이 유아의 자율성과 영역별 발달을 골고루 촉진한다는 점은 부정할 수 없을 듯합니다.

전자 음악과 초등학교 동요에 노출된 유아들에게 발달과 흥미에 맞는 노래를 가르치고 극놀이를 자유롭게 표현하도록 하는 유아교육 기관이 많이 생겨나 유아 교사들이 행복한 나날을 보내기를 희망하며, 부끄럽지만 「차은진의 유아 노래극」 책을 재발간합니다.

2019년 1월

차 은 진

# 차 례



## Part 1 유아 노래극 이론편

## Part 2 교육 과정을 통한 노래극 활동의 실제

# Part 1

# 유아 노래극 이론편

1. 노래극 활동의 개념
2. 노래극 활동의 교육적 가치
3. 노래극 활동의 이해
4. 노래극 활동의 전개 과정

# 1 노래극 활동의 개념

노래극 활동이란 노래가 주가 되면서 율동과 극적 요소가 뒷받침되는 활동으로, 대사나 상황을 노래로 표현하며 의미를 전달하고 노래의 선율로 감정과 경험을 나타내는 것이라 할 수 있다.

유아 노래극 활동은 교사가 유아에게 동화를 들려준 후 동화 속 이야기에 노래를 삽입해 극화해 보는 활동으로, 동화 내용을 몇 개의 장면으로 나누어 상황과 사건을 인물의 움직임으로 만들고 노래로 부르면서 동작, 표정 등을 이용하여 표현하는 통합적 교육 활동이다. 즉, 동화에서 음악적으로 표현하는 것이 더 나을 것 같은 부분에 율동과 노래를 넣기도 하고 동화에서 나온 내용 중 재미있는 내용을 악기로 표현해 보며 대사뿐 아니라 전체에 리듬과 가락을 붙여 자유롭게 불러 보는 활동을 말한다(이정희, 1999).

유아들은 일상생활에서 친숙하게 접할 수 있는 동화책을 통해 그 속에 담긴 이야기에 대해 생각하고 의미를 구성하며, 그 내용에 포함된 여러 관계를 통합적으로 파악하게 된다. 이러한 동화 내용을 표상하는 노래극 활동은 여러 가지 가상적 활동을 통해 자연스럽게 등장인물의 역할을 해 봄으로써 자신과 타인의 생각이나 느낌을 공유하고 새로운 세계에 대한 경험을 나누며 공감하게 된다(박애자, 김현정, 2007).

노래극 활동을 통하여 유아들은 이야기에 대한 맥락을 이해하고 일상에서 경험하지 못한 것을 체험하며 또 다른 세계를 알아 가고, 그 안에서 다양한 느낌과 생각을 음악과 연결하여 노래와 동작으로 표현하면서 미래 사회에 적응할 수 있는 대처 능력을 습득하게 된다.

Miller(1984)는 노래극 활동을 유아들에게 다양한 극적 경험, 음악적 경험, 신체 표현의 경험뿐 아니라 창의적이고 정서적인 경험을 줄 수 있는 통합적 교육 활동으로 보았다. 서인정(2002)은 노래극을 하는 동안 유아들은 내면에 있는 여러 가지 감정을 등장인물을 통해서 자연스럽게 나타내고, 또한 부정적인 정서를 해소할 수 있는 활동이라 하여 노래극 활동이 유아 정서에도 영향을 줄 수 있음을 시사하고 있다.

Turks(1999)는 노래극을 잘 수행하기 위해서는 음악, 문학, 미술, 율동과 같은 예술 영역뿐만 아니라 역사, 지리, 과학, 수 같은 일반 교과까지도 포함하는 통합적인 활동으로 구성되어야 함을 제안한다. 그러므로 유아들에게 있어서 노래극 활동은 음악, 언어, 신체 표현, 그리고 극적 요소를 즐겁게 경험할 수 있도록 해야 하며, 시간 · 공간적 요소를 적절히 삽입해 탐구적 활동의 동기가 되도록 통합적으로 구성해야 할 것이다. 또한 이러한 경험을 통하여 유아들은 상상력을 기르고 통합적인 삶에 이르게 된다(이효숙, 2001).



Orff(1963)는 노래극을 음악, 언어, 그리고 율동적인 요소가 되는 3동작을 융합 일치시켜 만든 활동이라 하였고, 김은형(2008)은 노래극을 문학적인 요소(동화), 음악적인 요소(노래), 극적인 요소(극놀이), 동작적인 요소(역할에 따른 신체 표현), 미술적인 요소(소품 및 의상) 등이 합쳐진 통합적인 교육 활동이라고 하였다.

또한 노래극은 노래나 대사뿐만 아니라 신체 표현과도 밀접하게 연결되어 있다. 신체 표현은 노래와 대사 시 그 의미를 알고 창의적으로 나타내는 것으로 음악과 말을 몸으로 표현하는 것이다. 즉, 유아가 이야기 내용을 더 명확하게 전달할 수 있는 매개체가 되며 유아가 대사와 노래로 표현할 수 없는 부분을 표정과 신체 표현을 통해 보여줄 수 있다. 노래극에서의 신체 표현은 대사와 노래를 가미함으로써 상상하는 것을 몸짓으로 전환할 수 있으며, Rossi(1997)에 의하면 이러한 경험은 신체 자각과 감정 이입, 음악의 리듬과 기분을 인식하는데 도움이 된다고 하였다.

안재신(2005)은 유아는 상상적으로 생각하고 느끼는 바를 몸짓이나 얼굴 표정을 통해 전달하며 이렇게 소리를 통해서 전달되는 음악적 개념이나 이미지를 몸의 움직임으로 연결하는 것은 심신의 일치 조화를 이루고 관찰력이나 판단력, 상상력, 창조력 등을 키워 준다고 하였다.

노래극 활동은 동화 듣기, 노래 부르기, 대사 구성하기, 역할 정하기, 소품 및 가면 만들기, 무대에서 실행하기, 공연하기, 평가하기로 구성되어 있다.

# 2 노래극 활동의 교육적 가치

노래극은 통합적 활동으로 이미 선행 연구자들에 의해 유아의 발달에 많은 영향을 준다고 발표되었다. 각 영역의 교육적 가치를 살펴보면 다음과 같다.

첫째, 신체 운동 및 감각적 요소를 가지고 있다. Orff(1963)는 신체 감각적 요소에 대해 음악의 아름다움을 깊이 느끼고 표현하여 자신의 능력을 향상시켜야 한다고 하였으며 특히 신체적 경험으로 음악의 요소를 체득케 하여 음 감각을 계발시키려 하였다(김경숙, 2000, 재인용). 또한 이여일(2005)은 신체적 표현의 경험은 유아의 발달과 신체의 지각 및 감정의 이완, 그리고 음악의 리듬과 기분을 느끼는데 도움이 된다고 보았으며, 유성옥(2001)은 몸을 움직임으로써 유아는 그가 음악에서 지각하고 느낀 것, 이해한 것을 표현하며 의미 있는 심미적인 반응을 하게 된다고 하였다.

이같이 노래극 활동을 통해 유아는 오감을 통한 감각 운동을 발달시키고, 신체를 율동적으로 움직임으로써 자발적이고 흥미롭게 운동 능력을 기를 수 있게 된다. 또한 무대에서 공간 능력을 습득하는 과정에서 질서와 배려의 습관을 갖게 되고 균형 잡힌 신체 표현과 안전한 몸가짐을 가지게 된다.

둘째, 의사소통적 요소를 가지고 있다. 말하기, 듣기, 읽기, 쓰기에 대한 학습이 자발적으로 진행되며 동화를 통해서 노래극으로 표현할 때 단순히 이야기를 모방하는데 그치지 않고 동화에 나오는 여러 등장인물들의 역할을 해 보는 기회를 통해 동화 속에 담긴 언어적인 교육적 가치를 자연스럽게 내면화할 수 있게 된다. 즉, 노래극 활동은 동화의 내용을 기초로 하여 장면을 나누고 역할을 정해 활동하는 것으로, 노래극의 노래는 의사소통의 수단이 되고 바른 언어 사용의 모형을 제공하기 때문에 반복된 노래극 활동을 통해 올바른 언어 습관을 기를 수 있게 된다. 또한 대사 구성하기를 통해 자신의 생각과 느낌을 말하게 되고 또래의 말을 주의 깊게 듣고 이해하는 능력을 키워 적절한 대사를 구성할 수 있게 된다. 그리고 시나리오를 통해 말과 글자를 연결하게 되고 노래극 동화책 읽기에 흥미를 가지고 자신의 경험을 동화의 역할과 동일시하여 생각이나 느낌을 표현할 수 있게 된다.

셋째, 사회적 관계 요소를 가지고 있다. 박혜진(2001)에 의하면 사회적 관계 요소는 언어적 의사소통의 기회를 제공하며 이해력 증가, 듣기 능력의 향상, 풍부한 상상력의 개발, 창의력 발달, 논리적 사고의 증진, 긍정적인 자아 개념 형성, 협동심 증진은 물론 감정 이입을 용이하게 해 줌으로써 사회적 가치에 대한 학습을 돕는다고 하였다.



예를 들면, 대사 구성하기를 통해 자신과 타인의 감정을 인식하게 되고 공동체 구성원들에게 자신의 생각을 적절하게 표현하게 되며, 서로 도와서 흥미롭게 활동하려는 자율성을 가지게 된다. 또한 역할이 정해지면 역할의 소중함으로 자아 존중감을 형성하게 되고, 노래극 활동 공연을 위해 초대한 부모님이나 또래와 화목하려는 의도를 가지게 된다. 동화 장면의 상황에 관심을 가지게 되어 탐구적 자세도 키울 수 있다.

넷째, 예술적 요소를 가지고 있다. 서동명(2005)은 음악적 요소를 통해 유아 자신의 정서를 자연스럽게 표출함으로써 정서적 감수성을 키우며 다양한 소리에 대한 이해 및 듣기 기술을 증진시킨다고 하였다. 또한 자발적인 음악 활동에 참여함으로써 창의성, 자기 존중, 수용성을 기르며 노래와 신체 표현을 통해 리듬, 박자 등을 조절할 수 있으므로 감각이 발달하며 소리나 강도의 크기를 통해서 청각과 시각도 발달하게 된다고 하였다.

미술적 요소로는 노래극의 내용에 따라서 유아가 소품이나 의상, 역할 머리띠를 만들거나 환경을 구성하는 것을 들 수 있다. 노래극은 이야기 내용에 의한 상상적인 표현 활동이므로 상상력을 충분히 발휘할 수 있는 환경이 제공되었을 때, 유아는 추상적인 자료로 상상력을 발휘하여 실제적인 소품을 자발적으로 만들 수 있게 된다.

이와 같은 노래극 활동은 유아에게 있어서 예술 경험이다. 자신의 생각과 느낌을 음악, 움직임과 춤, 미술을 통해 창의적으로 표현하는 것이다. 예술성이란 아름다움을 말하는데 유아에게 있어서 아름다움은 활동의 원칙을 지켜 질서 있게 행해졌을 때 비로소 느낄 수 있는 것이다. 노래극 활동은 통합적 수업으로 다양한 활동을 지속적으로 진행함에 따라 하나의 극이 완성되었을 때 예술성을 가지게 되는 것이다.

다섯째, 자연 탐구적 요소를 가지고 있다.

노래극 활동의 기초 자료인 동화책은 자연 세계에 대한 정보를 제공해 주고 유아는 그에 따라 자연 세계에 대해 관심을 갖고 탐구심을 가지게 되어 극에 몰입하려는 성향을 보인다. 무대 활동에서 시간 · 공간적 개념의 획득은 일상생활에서 수학 · 과학적으로 생각하는 능력과 태도를 길러 준다. 장면을 통해 생활 속의 여러 상황과 문제를 해결하기 위한 기초 능력을 키운다는 점에서 탐구적 요소가 있다고 할 수 있다.

노래극 활동은 유아들이 이야기에 흥미를 가지고 함께 노래를 부르고, 음악을 듣는 경험을 함으로써 그들 자신의 감정이나 느낌을 다시 표현해 보고 싶은 욕구를 불러일으킨다. 따라서 음악은 언어를, 언어는 음악을 서로 북돋아 주는 역할을 한다. 뿐만 아니라 신체 감각, 의사소통, 사회적 관계, 예술 경험, 자연 탐구 등은 각각의 영역이면서도 또한 서로서로 도구적 역할을 해 줌으로써 발달되는 영역이기도 하다. 더구나 유아교육 현장에서는 이러한 영역들이 그들의 실생활 속에, 또한 놀이 장면 속에, 교육 내용 속에서 서로 연결될 수 있을 때 그 교육적 효과가 크다고 할 수 있겠다(이상금, 장영희, 2001).

이처럼 노래극은 언어와 음악이 결합되는 측면 이외에도 신체, 인지, 사회, 정서 발달 영역에 영향을 미치는 통합적인 교육 활동으로 부각되면서 많은 연구들이 그 필요성과 중요성을 뒷받침해 주고 있다.

Strittmatter(1984)의 연구에서 노래극에 참여한 유아들은 노래극에 참여하지 않은 유아들에 비하여 문제 해결 기술과 창의적인 사고가 발달하는 것으로 나타났다. 또한 김은영(2001)에 의하면 창의적인 노랫말을 만드는 과정은 음악적 창조성을 개발시키며 나아가 창조적 자아를 형성시켜 자신의 음악적 아이디어를 가지고 창의적으로 표현하고 음악에 반응하고 음악을 들으며 음악적 내용을 분석하고 토론하는 등의 수업 과정을 통해서 스스로 주어진 문제를 실천적이고 창의적이며 일관성 있게 해결하는 능력을 길러 준다고 하였다.

Mason(1986)은 유아의 음악 활동은 창의적 특성인 풍부한 상상력뿐만 아니라 문제 해결을 위한 집중력과 탐구력, 독창성, 융통성, 유창성 등의 능력을 발달시키며, 창조적인 음악 활동은 학습 전이를 통하여 창의적인 수행 능력에 영향을 미친다고 하였다(박소영, 2004, 재인용). 노래극 활동은 다양한 상황이나 분위기에 따라서 자신이 느낀 그대로를 표현함으로써 독창적 창의성을 발견하게 되고 이를 통해 활동에 더욱 적극적으로 참여하는 동기를 불러일으키고 자발적이고 주도적인 학습 효과에도 영향을 준다.

송유정(2000)의 연구에서도 노래극 활동은 음악적인 면 이외에 다른 분야의 교육적인 면에서 효과가 있다고 하였다. 즉, 노래극 활동을 통한 적극적이며 주체적인 학습 활동은 모든 학습에 자신감과 적극성을 갖게 하며 학습에 대한 관심과 의욕을 증진시킨다. 또한 이 과정에서 이루어지는 소집단 및 대집단 활동은 개개인의 주체적인 학습을 중심으로 구성되어 있어 개인의 책임 의식을 요구하게 되고 이를 통하여 책임감을 기를 수 있다고 하였다.

박혜진(2001)에 의하면 노래극은 자신을 다양하게 표현함으로써 자아 개념과 조망 수용 능력 발달에 도움을 주고, 각자의 역할을 해 내면서 자신이 중요한 존재임을 느끼고 안정감을 가지고 연습하고 발표하면서 협동하는 태도도 길러 준다고 하였다.

김창숙(2006)은 노래극에서 역할 정하기를 진행하기 위해서 조정하고 규칙에 따르는 과정을 통해 또래 집단에 적응해 나간다고 하였다. 또한 Howarth(1989)는 노래극에서 사용되는 동화에는 유아들이 일상생활에서 접할 수 있는 유사한 상황이 내용으로 구성되어 있어, 사회가 가치 있게 여기는 타인에 대한 배려, 양보 등의 친사회적 행동을 유아가 자연스럽게 습득하게 된다고 하였다.

노래극 활동은 유아의 정서를 발달시키는데 영향을 주는데, 음악적 경험을 통해 유아 자신의 정서를 순화하고 극놀이로 표현하는 과정에서 부정적 정서를 자연스럽게 표출하는 기회를 가진다. 노래극의 경험이 즐거움으로 받아들여질 때에는 정서 발달이 촉진되며, 유아는 노래극 활동에 능동적으로 참여함으로써 활동 자체의 흥미와 열정이 내면화되고 성취감과 자신감을 가지며 스스로를 가치 있는 존재로 여기게 된다.

누리과정(2012)에서도 자신과 타인의 감정을 알고 자신의 감정을 적절하게 표현하고 조절하기 위한 실천 방안으로 통합적 음악 접근인 노래극 등 다양한 표현 양식의 활동들을 제안하고 있다. 노래극은 여러 개의 단위 활동과 상호 관련되어 있어 각 영역 간의 활동을 통합할 수 있고 유아의 전인 발달을 도모할 수 있는 통합적 교육 활동이다.

# 3 노래극 활동의 이해

동화를 통한 노래극 활동은 전인 발달을 도모하는 통합 활동이다. 따라서 노래극 활동 시 아래와 같은 요소를 이해한 후 실시하여야 할 것이다.

첫째, 노래극은 인성 중심의 동화 내용이 바람직하다. 본 노래극은 내용의 구조가 유아의 실제 생활을 반영하고 대다수가 동물을 출연시켜 유아가 보다 쉽게 이해할 수 있게 하였다. 또한 사건에 대한 문제 해결력을 신장시킬 수 있도록 다양한 상황으로 나누어 제시하였다. 동화가 주는 메시지는 누리과정의 핵심 내용인 질서, 배려, 협력 등 기본 인성을 기른다는 목표 아래에 인성에 가장 영향을 주는 인식과 조절 능력에 대한 모델을 제시하였고 국가수준, 지역 사회, 연간 교육 과정 주제와도 부합시켜 선택하였다. 유아는 가정과 유아교육 기관에서 가장 많은 시간을 보내고 있으며 교사와 또래 집단과 부모와 형제 사이에서 혹은 그들이 제공하는 물적 환경과 상호 작용을 하고 있다. 유아는 주변의 환경과 경험을 통해 지식을 획득하고 습관을 형성하면서 사회적 기술을 구축해 나간다. 이는 Piaget가 밝힌 동화, 조절, 갈등의 단계를 거쳐 비로소 평형의 단계에 이르는 지식 구축의 과정과 같은 맥락이다.

이러한 과정에서 유아에게 적절한 교육적 경험은 유아가 바른 인성을 기르는데 매우 중요한 역할을 하게 된다. 이처럼 인성의 중요성을 강조하지만, 그에 따른 통합적 활동에 대한 구체적 교수 모형이 미비한 것이 현실이다. 본 노래극은 다양한 동화를 통해 동일시하는 유아의 발달을 촉진할 수 있도록 교육의 효과를 기대하며 진행하였다.

둘째, 노래 지도 방법에 대한 음악적 목표와 교육적 목표를 명확히 제시하여 음악 개념에 대한 경험을 제공한다. 노래극에서 노래는 동화의 내용만큼이나 중요한 위치를 차지하고 있다. 왜냐하면 극에 대한 설명과 사건이 노래로 전개되기 때문이다. 특히 선행 연구에서 진행되었던 노래는 기존의 익숙한 음에 노랫말만 바꾸거나, 기존에 출판된 노래극의 노래로 활동을 한 반면에 본 연구자는 명확한 대상과 연령에 초점을 두고 유아의 발달과 흥미를 고려해 직접 작사 · 작곡을 해서 유아에게 제공하였다는 점에 차이가 있다.

또한 종전의 노래 지도 방법은 이야기 형식으로 노랫말을 소개하고 멜로디를 들려주고 한소리로 부르고 단락을 나눠 따라 부르게 하는 방법으로 진행해 왔다. 이러한 획일화된 교수 방법은 유아의 음악적 개념 발달을 효과적으로 도울 수 없다고 사료되어 본 연구자는 노랫말만큼 음정(pitch)이 가지는 메시지에 대한 활동이 이뤄지도록 해 음악적 개념도 알게 되고 노래 부르기를 즐기는 유아가 되길 바라며 진행하였다. 음악적 개념은 음정(pitch), 박자(beat), 화성(harmony), 표현(셈여림〈dynamics〉, 빠르기〈tempo〉), 형식(form)으로 구성되어 있다. 유아들에게 이러한 음악적 요소를 유아의 발달과 흥미에 맞게 알려 주어야 한다.



셋째, 대사 구성하기는 유아의 주도성과 창의적 사고를 촉진한다. 대사는 노래에서 표현되는 부분을 보조하거나, 강한 메시지를 전달할 때 구성하는 것으로 노래극에서 중요한 부분을 차지한다. 유아에게 동화의 맥락을 이해하고 각 장면을 나눠 상황에 맞는 대사를 구성하도록 하는 것은 유아가 역할에 대한 이해와 동일시가 잘 이뤄졌을 때 가능하다. 유아 교사는 4, 5명의 소집단 유아들에게 지정된 장면을 설명하고 그에 따른 대사를 구성하도록 한다. 이때 역할에 대한 감정과 상황을 자세히 설명해서 유아로 하여금 자신이었다면 무슨 말을 할 수 있을지 자기의 생각을 말하도록 하는 방법이다.

유아들은 발달 수준과 환경에 따라 상이한 이야기를 하게 되고 다른 또래가 하는 이야기를 주의 깊게 들으며 적절한 대사를 협의를 통해 결정하게 된다. 이때 감정 이입을 통해 조망 수용 능력이 나타나게 되며 협의 과정에서 사회적으로 수용되는 적절한 언어를 선택하게 된다. 또한 문장의 형태를 갖추기 위해 교사와의 상호 작용을 필요로 할 것이며 그 의미에 대해서도 주의 깊게 듣고 생각하는 과정이 전개된다. 유아는 각 역할에 대해 더욱 탐구하게 되고 역할을 함께 맡은 또래와 팀워크를 갖게 된다. 대사의 구성은 동화의 맥락과 상황에 맞는 적절한 언어로 또래와 협의를 통해 유아가 주도적으로 결정해서 시도할 수 있도록 하는데, 이는 유아의 문해 능력과 조망 수용 능력, 협동심, 책임감 발달에 중요한 역할을 한다.

넷째, 역할 정하기와 역할 팀별 활동을 통해 팀워크를 배운다. 노래극에서 동화를 듣고 각 장면을 나눠서 노래 부르기와 대사 구성하기가 진행된 후에 역할 정하기가 이뤄진다. 역할을 정하는 것은 유아의 기호에 따라 선택하는 것이고, 이때 각 역할이 유아의 수에 비례해서 팀으로 만들어지는 것이 특징이다. 기존의 노래극은 각 역할을 한 명씩 두고 주인공과 조연, 스텝을 나누는 반면, 이 노래극에서는 유아 모두에게 역할이 주어지고 몇 명의 또래가 같은 역할을 함으로써 또래와의 협동이 반드시 선행되어야 노래극을 진행할 수 있게 된다. 같은 역할을 맡은 또래들은 함께 노래하고 함께 대사를 표현함으로써 합창과 합주의 기초 지식을 습득하게 되고 운율에 따른 움직임을 인식하게 된다. 또한 유아의 기질에 따라 외향적이거나, 내성적인 유아가 함께 역할을 맡아 같이 이끌거나 따라가는 과정이 반복되고, 하나의 모형이 만들어져 그것이 모델이 되어 내면화되는 과정을 거치게 되는 것이다. 뿐만 아니라 같은 역할 팀은 가면, 소품, 의상 만들기도 함께 하면서 서로 간의 생각을 공유하고 표준화된 작품을 만들려고 노력하게 된다. 역할이 팀으로 구성되어 모든 유아가 노래극에 참여한다는 것은 유아 자신이 책임 있는 주인공이라는 인식으로 자아 존중감이 높아지고 자신감이 신장되어 다른 활동에도 적극적으로 임할 수 있는 동기가 될 수 있다.

다섯째, 시간 · 공간적 개념을 습득할 수 있다. 동화를 듣고 장면을 나누어 노래 부르기와 대사 구성하기, 역할 팀별 소품, 의상, 가면 만들기가 끝나면 직접 무대에서 활동을 하게 된다. 이때 모든 유아들은 노래극이 시작될 때부터 끝날 때까지 배우로써 무대를 지켜야 한다. 무대의 공간을 충분히 이용해 배경 인물로 뒤에 앉아 있다가 자기 역할의 순서가 되면 역할 팀이 함께 무대 앞쪽으로 나오게 된다. 유아들은 질서를 지켜 또래와의 공간을 확보하면서 율동적으로 움직이게 되어 공간 개념을 습득하게 되는 것이다. 또한 유아가 역할 순서를 기억해 등장한다는 것은 노래극의 맥락을 이해하지 못하면 쉽게 활동하기 어려운 부분이고 시간적인 개념 인식이 동반되어야 하는 것이다. 본인이 맡은 역할뿐 아니라 다른 유아가 맡은 부분을 알고 그에 따른 시간을 분배하는 것은 어린 유아에게는 힘든 과정이다. 그러나 노래극이라는 유아 주도적인 활동을 통해 유아가 보다 쉽게 인식하고 즐겁게 시도할 수 있게 된다는 것이 본 연구에서 제시하는 노래극 활동의 특징이다.

# 4 노래극 활동의 전개 과정

## 마음이의 하루



노래극 활동은 10차식 전개 과정을 거치는데, 내용은 동화 듣기, 노래 배우기, 대사 구성하기, 역할 정하기, 가면 및 소품 만들기, 무대에서 실행하기, 공연하기, 평가하기로 구성되어 있다. 「마음이의 하루」 동화를 통한 10주간의 노래극 활동 방법은 다음과 같다.

### 1차식 - 동화 듣기

동화에 등장하는 인물을 막대 인형으로 만들고 장면을 8개로 나누어 막대 동화로 들려주었다. 이때, 노래와 대사를 함께 들려줌으로써 유아의 호기심을 자극하고 노래극 활동에 대한 실행을 암시한다.

### 2, 3차식 - 노래 배우기

각 장면에 구성된 7곡의 노래를 주 1회에 걸쳐 배운다. 노래 부르기는 노래극 활동 중 매우 중요한 부분으로 음악적 요소와 교육적 요소를 목표에 명시하고 특히 음악 개념의 이해에 대한 활동을 체계적으로 구성하여 다음과 같이 진행한다.

우선 음정은 음의 높고 낮음에 대한 인식으로, 유아의 음에 대한 인지 능력은 감각적 활동으로 접근해야만 한다. 예를 들면, 높은음은 새, 낮은음은 쥐로 지정하여 음의 고저를 시각적으로 구분하게 하는 방법이다.

박자란 동일한 속도로 지속되는 운율적 움직임으로 연속되는 박을 2박, 3박, 4박으로 묶는 것이 박자이다(장은주, 2013). 유아에게 박자를 인식하게 하는 활동으로 3박과 4박에 대한 노래의 특징을 살려 선창해 주고 따라 부르게 하는 방법과 마디 안의 강박과 약박을 발과 손으로 연주하여 유아로 하여금 쉽게 이해를 돕는 방법을 사용하였다. 또한 4박이 가지는 경쾌한 느낌을 살려 노랫말을 붙이고 3박이 가지는 정서적인 느낌을 노랫말로 구성해 3박과 4박을 구분할 수 있도록 지도하였다.



리듬은 음의 길이와 셈여림을 시간적으로 결합한 것을 말한다. 음표의 길이를 인식하게 하기 위해 음정이 없는 리듬 노래로 연주해 주기도 하고 길이에 대한 구분을 유아들이 흥미로워 하는 곤충의 길이로 변별하도록 하여 리듬을 인식할 수 있게 하였다.

화성은 일정한 법칙에 따라 연결되는 화음을 말하는데, 으뜸화음(1도), 버금딸림화음(4도), 딸림화음(5도)의 기본 구성으로 이루어진다. 유아에게 1도, 4도, 5도의 느낌을 노랫말과 연결시켜 활동하도록 하여 화성 인식에 도움을 주었다.

표현에서 빠르기는 템포를 말하는데, 슬픔에 대한 노래는 느리게(andante)로 유아의 맥박이 뛰는 정도의 빠르기로 설명해 심장 소리를 듣거나 교사의 맥박을 느끼게 함으로써 규칙적인 박자 감각을 가지도록 하였고, 〈화가 나요〉, 〈무서워요〉 등의 노래 빠르기는 조금 빠르게(allegretto)로 군인들의 걷는 속도를 보여 줌으로써 그 빠르기를 인식하게 하였다.

표현에서 셈여림은 세게(forte)와 여리게(piano)를 동물이나 사물의 크고 작은 것을 보여 줌으로써 알게 하였고, 점점 세게(crescendo)와 점점 여리게(decrescendo)는 모음을 이용한 노랫말로 음정만을 집중하여 표현하게 하였다(차은진, 2006).

형식으로는 반복, 대조, 변형 등이 있는데 노래 안에서 반복되는 부분은 유아가 노래하고 대조되거나 변형되는 부분은 교사가 노래함으로써 음악의 형식을 알 수 있게 하였고, 노래의 길이도 8마디, 12마디, 16마디로 유아의 발달에 맞게 구성하여 유아들이 쉽게 배우고 표현할 수 있도록 하였다.

### 4, 5차식 - 대사 구성하기

대사는 노래에서 표현되는 부분을 보조하거나 강한 메시지를 전달할 때 표현하는 것으로 노래극에서 중요한 부분을 차지한다. 교사는 4, 5명의 소집단 유아들에게 지정된 장면을 소개한다. 이때 역할에 대한 감정과 상황을 자세히 설명해서 유아로 하여금 자신이었다면 무슨 말을 할 수 있는지 자기의 생각을 말하도록 한다. 유아들은 자기의 경험에 따라 상이한 이야기를 하게 되고 다른 또래가 하는 이야기를 주의 깊게 들음으로써 적절한 대사를 협의를 통해 결정할 수 있다. 교사는 유아의 이야기를 잘 받아쓰고 최종 대사를 결정해서 발표해 준다. 유아는 각 역할에 대해 탐구하게 되며 노래극에서 사용될 대사를 외우게 된다.



### 6차식 - 역할 정하기

노래극에서 동화를 듣고 각 장면을 나눠서 노래 부르기와 대사 구성하기를 진행한 후에는 역할을 정한다. 역할에 대한 선호도를 고려해 한쪽으로 몰리지 않게 각 역할의 특징을 부각하여 설명해 주어 유아들이 골고루 배역을 맡게 하되, 역할을 정하는 것은 유아의 기호에 따라 선택하는 것이기에 유아의 의견을 충분히 수용해 준다. 각 역할은 유아의 수에 비례해서 팀으로 만들어지는데, 같은 역할을 맡은 또래와의 협동이 반드시 선행되어야 노래극을 진행할 수 있기 때문에 친밀감을 형성하도록 역할 팀을 한 모둠으로 구성한다.

### 7차식 - 소품 및 가면 만들기

역할이 정해지면 같은 역할의 또래와 소품 및 가면 만들기를 한다. 이때, 서로의 생각을 공유하며 모방적, 창의적으로 작품을 만든다. 교사는 유아 스스로 만든 작품인 만큼 무대 활동을 더 잘 준비할 수 있도록 칭찬하고 격려해 준다.

### 8차식 - 무대에서 실행하기

동화를 듣고 장면을 나누어 노래 부르기와 대사 구성하기와 역할 팀의 가면, 소품, 의상 만들기가 끝나면 직접 무대에서 활동을 하게 된다. 이때 모든 유아들은 노래극의 시작부터 끝날 때까지 배우로서 무대를 지켜야 한다는 것을 알려 준다. 무대의 공간을 충분히 이용해 배경 인물로 뒤에 의자를 둥글게 만들어 앉게 하고 자기 역할의 등장 순서가 되면 교사의 음악에 따라 역할 팀이 함께 무대 앞쪽으로 나오게 된다. 유아들은 질서를 지켜 또래와의 공간을 확보하면서 율동적으로 움직이게 된다. 또한 유아가 역할 순서를 기억해 입 · 퇴장할 수 있도록 역할에 따른 음악을 들려주고 반복적으로 활동해서 노래를 기억하게 한다. 본인이 맡은 역할뿐 아니라 다른 유아가 맡은 부분을 알 수 있도록 동화의 내용을 여러 번 반복적으로 들려주어서 노래극의 흐름을 이해하도록 도와준다.

### 9차시 - 공연하기



노래극 활동을 위한 준비를 마쳤으면, 초대장을 만들어 주변의 가족이나 친구에게 전달하여 공연을 관람하도록 권유한다. 초대장에는 유아가 그동안 노래극 활동을 준비하며 느낀 자신의 생각을 그림으로 그리게 하고 시간과 장소와 제목을 기입하도록 한다. 노래극 활동에 맞는 의상과 가면을 쓰고 노래극을 공연한다. 유아가 흥미롭게 진행할 수 있도록 교사는 학부모 등 관람자에게 격려와 호응을 미리 부탁한다.

### 10차시 - 평가하기

유아와 함께 노래극을 발표한 후 평가하기 활동은 유아에게 매우 흥미롭고 가치 있는 일이다. 미리 찍어 놓은 노래극 활동의 동영상을 보여 주고 각자의 역할 수행에 대해 재연해 보며 웃고 즐기는 것은 다음 노래극 활동을 위한 동기 부여이고 그동안의 긴장을 해소할 수 있는 기회이기도 하다. 또한 활동이 끝난 후 그림이나, 글로 소감을 표상하기도 하고 또래에게 자기의 생각을 전달하는 활동을 진행해 보는 것도 좋다.

전반적인 노래극 활동 과정을 도식화하면 다음의 그림과 같다.

## ▣ 노래극 활동 과정

**동화 듣기 (대집단, 소집단)**
- 동화의 내용을 주의 깊게 듣고 6가지 감정 알기
- 감정의 발생과 유지, 소멸 과정을 느끼기
- 동화 안에 구성된 노래를 운율에 따라 듣기

**노래 배우기(대집단, 소집단)**
- 노랫말 익히기
- 노래 형식 알기(반복/대조)
- 음악 익히기(리듬/박자)
- 한 마디 안에서 음정 변화 알기 (새와 쥐로 높낮이 알기)

**이야기 나누기(대집단, 소집단)**
- 감정에 대한 이전 경험 나누기
- 감정의 사전적 의미 파악하기
- 동화 내용의 감정 규칙 알기
- 동화 내용의 동물들 특징 알기

**노래극 활동 내용**

**대사 구성하기(소집단)**
- 동화의 장면 인식하기
- 대화를 어떻게 전개할지 생각하기
- 또래 의견과 본인의 생각을 대사로 만들기

**역할 정하기(소집단)**
- 동화 등장인물 파악하기
- 내가 원하는 역할 선택하기
- 대사 노래 기억하기
- 같은 역할 친구들에 대한 소속감 갖기

**가면, 소품, 의상 만들기 (소집단)**
- 동화 속 인물에 감정 이입하기
- 역할의 특징에 맞는 가면 및 소품 만들기
- 표현력과 심미감 발휘하기

**무대에서 실행하기(대집단)**
- 무대 매너 익히기
- 노래극 순서와 등장 음악 기억하기
- 무대 공간에 익숙하기 위해 반복적으로 활동하기
- 노래극 전 과정의 주인공임을 알기
- 각 역할 팀이 하나 되어 움직이기

**노래극 공연하기(대집단)**
- 관객과 한 호흡이 되기
- 예술적 감동 느끼기

**평가하기(대집단, 소집단, 개별)**
- 노래극 활동 후 회상 내용을 글, 그림으로 표현하기

### ▣ 「마음이의 하루」 노래극 10차식 전개 과정

| 주 | 횟수 | 활동 | 집단 구성 형태 | 노래극 전개 과정 |
|---|---|---|---|---|
| 1 | 1회 | 동화 듣기 | 대집단, 개별 | 1차식 |
| | 2회 | 노래 배우기-햇살이 가득한 아침에 | 대집단, 소집단 | 2~5차식 노래 배우기 및 대사 구성하기 |
| 2 | 3회 | 이야기 나누기 및 대사 구성하기 장면1, 2-해설 및 고슴도치와의 대화 | 대집단, 소집단, 개별 | |
| | 4회 | 노래 배우기 - 수줍어요 | 대집단, 소집단 | |
| 3 | 5회 | 이야기 나누기 및 대사 구성하기 장면3- 고릴라와의 대화 | 대집단, 소집단, 개별 | |
| | 6회 | 노래 배우기 - 화가 나요 | 대집단, 소집단 | |
| 4 | 7회 | 이야기 나누기 및 대사 구성하기 장면4- 선생님과의 대화 | 대집단, 소집단, 개별 | |
| | 8회 | 노래 배우기 - 기뻐요 | 대집단, 소집단 | |
| 5 | 9회 | 이야기 나누기 및 대사 구성하기 장면5- 박쥐와의 대화 | 대집단, 소집단, 개별 | |
| | 10회 | 노래 배우기 - 무서워요 | 대집단, 소집단 | |
| 6 | 11회 | 이야기 나누기 및 대사 구성하기 장면6- 고양이와의 대화 | 대집단, 소집단, 개별 | |
| | 12회 | 노래 배우기 - 짜증 나요 | 대집단, 소집단 | |
| 7 | 13회 | 이야기 나누기 및 대사 구성하기 장면7- 사슴과의 대화 | 대집단, 소집단, 개별 | |
| | 14회 | 노래 배우기 - 슬퍼요 | 대집단, 소집단 | |
| 8 | 15회 | 이야기 나누기 및 대사 구성하기 장면8- 엄마와의 대화 | 대집단, 소집단, 개별 | |
| | 16회 | 역할 정하기 | 대집단, 소집단 | 6차식 |
| 9 | 17회 | 소품 및 가면 만들기 | 대집단, 소집단, 개별 | 7차식 |
| | 18회 | 무대에서 실행하기 | 대집단 | 8차식 |
| 10 | 19회 | 공연하기 | 대집단 | 9차식 |
| | 20회 | 평가하기 | 대집단, 소집단, 개별 | 10차식 |

## 주제선정동기

우리는 사회적으로 관계를 맺고 태어납니다. 아기였을 때는 부모와의 관계, 유아기에는 선생님과 친구, 학년기를 거쳐 성인이 되었을 때는 수많은 사람들과 만나게 됩니다. 하지만 다른 사람과의 관계에서 가장 어려운 것은 우리 자신의 감정을 조절하는 능력입니다. 우리는 우리 감정의 표현 방법에 따라 주변과의 긍정적, 혹은 부정적 관계를 가지게 됩니다. 어릴 때부터 우리 자신의 감정을 객관적으로 표현한다면 좀 더 친사회적인 성인이 될 수 있으리라 생각됩니다. 유아 시기에는 화내고, 슬프고, 짜증나고, 무섭고, 수줍고, 기쁨이 무엇인지조차 모르고 표현합니다. 아이들의 이런 감정이 어떻게 시작되고, 지속되며, 해소되는지를 동화를 통해 이해함으로써 부정적인 감정이라도 나와 다른 사람에게 해가 되지 않는 한도에서 충분히 표현할 수 있다는 생각을 할 수 있게 됩니다. 또한 감정의 형태가 동물로 비유됨에 따라 그 특징과 감정의 정도를 이해할 수 있어, 때때로 "네가 고릴라가 됐구나." 혹은 "고슴도치 같이 몸을 말고 있니?" 등으로 이입된 감정으로 풀어갈 수 있게 됩니다. 노래와 동화의 캐릭터를 통해 감정을 인식하게 되고 자유롭게 표현함으로써 유아가 자기 조절 능력과 타인에 대한 배려심을 키워 자율적인 아이로 자라날 수 있기 때문에 「마음이의 하루」를 주제로 선정하게 되었습니다.

# 주제망 구성

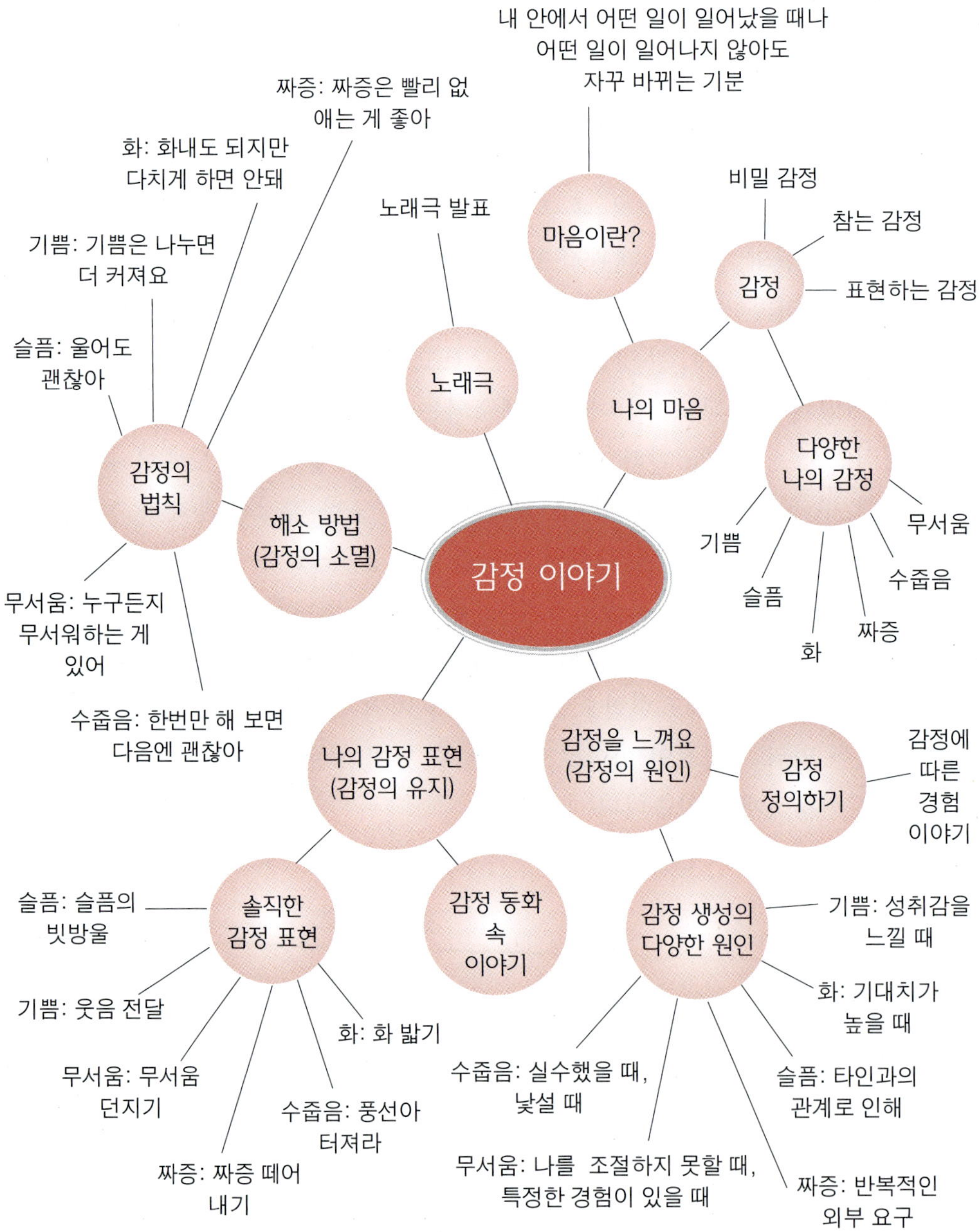
감정 이야기
나의 마음
마음이란?
내 안에서 어떤 일이 일어났을 때나
어떤 일이 일어나지 않아도
자꾸 바뀌는 기분
감정
비밀 감정
참는 감정
표현하는 감정
다양한
나의 감정
기쁨
슬픔
화
짜증
수줍음
무서움
노래극
노래극 발표
해소 방법
(감정의 소멸)
감정의
법칙
짜증: 짜증은 빨리 없
애는 게 좋아
화: 화내도 되지만
다치게 하면 안돼
기쁨: 기쁨은 나누면
더 커져요
슬픔: 울어도
괜찮아
무서움: 누구든지
무서워하는 게
있어
수줍음: 한번만 해 보면
다음엔 괜찮아
나의 감정 표현
(감정의 유지)
솔직한
감정 표현
슬픔: 슬픔의
빗방울
기쁨: 웃음 전달
무서움: 무서움
던지기
짜증: 짜증 떼어
내기
수줍음: 풍선아
터져라
화: 화 밟기
감정 동화
속
이야기
감정을 느껴요
(감정의 원인)
감정
정의하기
감정에
따른
경험
이야기
감정 생성의
다양한 원인
기쁨: 성취감을
느낄 때
화: 기대치가
높을 때
슬픔: 타인과의
관계로 인해
짜증: 반복적인
외부 요구
무서움: 나를 조절하지 못할 때,
특정한 경험이 있을 때
수줍음: 실수했을 때,
낯설 때

## 줄거리

햇살이 밝게 비치는 날 마음이는 엄마와 함께 신나게 유치원을 향했어요. 그런데 이게 웬일일까요? 유치원 문 앞에 서자 창피하고 수줍어서 선생님께 인사를 할 수가 없었어요. 그러자 마음이의 마음에서 수줍은 고슴도치가 또르르 몸을 말고 나왔어요.

"나는 너무 창피해서 몸을 말고 있어."

"나도 그래, 몸을 숨기고 싶고 선생님께 인사를 할 수 없어."

"그렇다고 계속 이렇게 있을 순 없잖아. 이렇게 노래를 해 봐!"

노래를 부르고 난 후 마음이는 용기를 내어 큰 소리로 "안녕하세요."라고 인사를 하고 교실로 들어갔어요. 그런데 교실에 있는 친구가 마음이가 좋아하는 인형을 가지고 놀고 있었어요.

"이건 저번부터 내꺼였어!"라며 마음이는 친구가 가지고 있는 것을 빼앗았어요.

친구는 "넌 순서도 모르니?"하면서 마음이를 밀었어요.

화가 난 마음이의 마음에서 고릴라가 나왔어요.

"나는 내 맘대로 안 되면 화가 나! 이럴 땐 다 부수고 싶어져!"

"나도 그래! 하지만 그렇다고 친구를 때릴 수는 없잖아."

마음이는 고개를 끄덕이며 말로 이야기를 해야겠다고 생각했어요.

마음이는 친구에게 "친구야 이 인형을 만지고 싶어. 만져도 돼?"라고 말하고, 인형을 만지고 친구에게 다시 돌려주었어요.

마음이네 반은 오늘 줄넘기 대회가 있는 날이에요. 마음이는 선생님께 다섯 번으로 정해서 말씀을 드렸어요. 마음이의 차례가 되었어요. 하나, 둘, 셋, 넷, 다섯! 마음이는 거뜬히 다섯 개를 넘었어요. 그동안 연습을 많이 한 마음이는 너무 기뻤어요.

교실로 돌아오자 선생님께서 준비한 인형극이 시작하려고 해요. 불이 꺼지면서 인형이 나오자 마음이는 무서운 마음이 들었어요. 그러자 마음이 마음 속에서 박쥐가 날개로 얼굴을 가리고 나타났어요. 박쥐는 떨면서 말했어요.

"깜깜한 것은 너무 무서워."

"나도 그래, 도깨비가 나올 것 같아."

그러자 박쥐가 말했어요. "우리는 어두움이 무섭지만 선생님은 조그만 벌레가 무섭대."

벌레를 보고 도망가던 선생님의 모습을 생각하니 웃음이 나왔어요. 웃어버리니까 무서움이 사라졌어요.

마음이네 반에서는 악기 놀이 발표회가 있을 예정이에요. 마음이는 하모니카 연주를 하기로 했어요. 어제는 잘 불어졌는데 오늘은 웬일인지 소리가 잘 나지 않아요. 마음이는 짜증이 났어요. 짜증쟁이 고양이가 얼굴을 찡그리며 나타났어요.

"나는 잘하고 싶은데 안 될 때 진짜 짜증이 나!"

마음이도 비죽거리며 짜증 나요 노래를 불렀어요.

"짜증을 낸다고 내가 원하는 게 되는 건 아닌 것 같아."

마음이는 털썩 주저앉아 친구들이 연주하는 것을 보았어요. 친구들의 연주는 너무나 제각기였어요. 그중 한 친구는 거꾸로 들고 하는 게 아니겠어요? 마음이는 친구에게 하모니카를 바르게 들도록 해 주었어요. 그러자 그 친구가 멋진 소리를 내는 거예요.

이제 마음이는 친구들에게 인사를 하고 집으로 돌아가요. 집에 도착하자 엄마가 동생을 안아 주고 이야기를 하고 있어요.

"엄마는 동생만 예뻐해."

마음이의 눈에 눈물이 나기 시작했어요. 눈이 큰 사슴이 눈물을 흘리며 마음이 앞에 나타났어요. 마음이와 사슴은 슬퍼요 노래를 불렀어요. 그때 엄마가 마음이에게 살며시 다가오셨어요.

"마음아 엄마는 마음이가 이 세상에서 제일 좋아. 동생은 아기니까 돌봐 주지 않으면 앙 울어요. 하지만 마음이는 울지도 않고 씩씩하잖아."

마음이는 엄마의 얼굴을 보았어요. 참 예뻤어요. 마음이는 하루종일 피곤했어요. 예쁜 아이가 되고 싶지만 뜻대로 잘 안 되기도 했어요. 내일은 또 어떤 일이 생길까요? 새로운 내일을 향해 오늘도 마음이는 씩씩하게 잠들어요.

## 시나리오

- 다 같이 입장
- 다 같이 인사 : 일어서기-차렷-인사-자리에 앉기
- 다 같이 말하기 : 제목 마음이의 하루
- 해설 등장

**해 설** 마음이는 유치원에 다니는 아이랍니다. 엄마한테 사랑받고 선생님께 칭찬을 듣고 친구들과 잘 지내고 싶은데, 가끔은 그게 맘대로 안 된대요. 마음이가 하루를 어떻게 보내는지 잘 보아주세요.

### 햇살이 가득한 아침에

차은진 작사 · 작곡

해설 노래

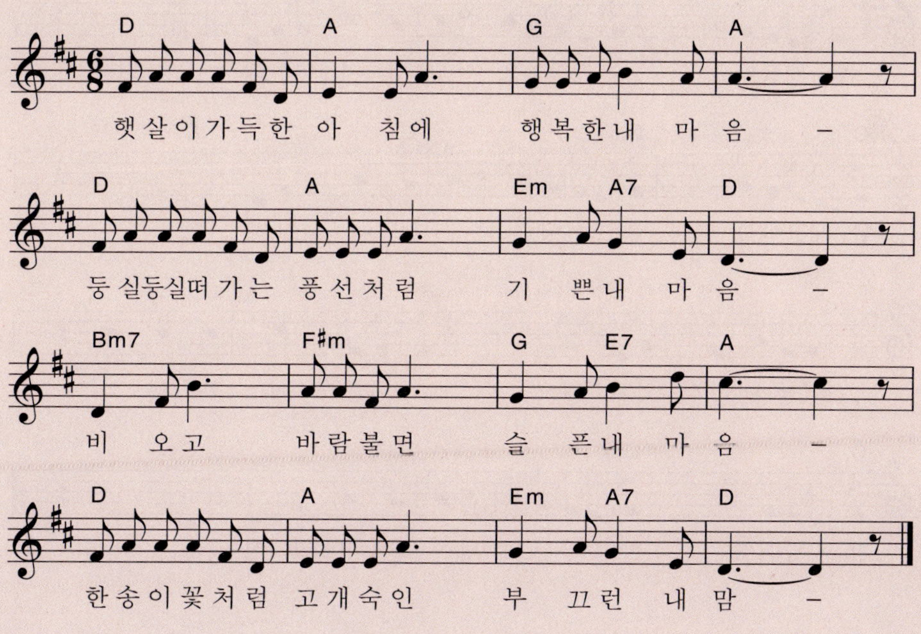

➪ 해설퇴장

➪ 마음이 등장

마음이 : 오늘은 유치원 가는 날, 친구들과 신나게 놀아야지. 야호! 신난다.
그런데 유치원 앞에만 오면 들어가기가 싫어.
선생님께 인사를 해야 하는데 너무나 창피해.

➪ 고슴도치 등장

고슴도치 : 나도 너무 부끄러워 몸을 또르르 말고 있단다.
그래도 용기를 내서 외쳐봐!

## 수줍어요

차은진 작사 · 작곡

고슴도치, 마음이 노래

마음이 : 알았어. 용기를 내서 말해야지. 안녕하세요. (점점 크게) 와! 내가 해냈어!

고슴도치 : 그래, 해냈구나! 이제 너는 부끄럽지 않겠구나.

➪ 고슴도치 퇴장

➪ 마음이 퇴장

➪ 해설 등장

**해 설** 마음이는 선생님께 인사를 드리고 신나게 교실로 들어갔어요. 어? 어떡하죠? 마음이가 좋아하는 인형을 다른 친구가 갖고 놀고 있네요. 마음이는 갖고 싶은 마음에 인형을 빼앗고 친구는 마음이를 밀었어요.

➪ 해설 퇴장

➪ 마음이 등장

마음이 : 인형은 저번부터 내꺼였어. 내가 맡아 놓은 걸 먼저 가져갔잖아.

➪ 고릴라 등장

고릴라 : 나는 내 맘대로 안 되면 화가 나서 다 부수고 싶어져.
하지만, 그렇다고 친구를 때릴 수는 없잖아.

## 화가 나요

차은진 작사 · 작곡

고릴라, 마음이 노래

마음이 : 그래! 내 마음을 말로 해야겠어. 친구야! 이 인형을 만지고 싶어. 만져도 돼?

고릴라 : 잘했어~ 마음아! 이제부터는 화가 나면 말로 하면 되겠구나!

➩ 고릴라 퇴장

➩ 선생님 등장

선생님 : 드디어 오늘 줄넘기 대회를 하는 날이에요.
친구들은 잘 할 수 있을 거예요.

마음이 : 선생님! 저는 다섯 개를 넘을 수 있어요.

선생님 : 그래, 마음이가 목표한 것을 자! 시작해 봐요.

마음이 : 하나, 둘, 셋, 넷, 다섯!
선생님! 해냈어요.

선생님 : 훌륭하구나! 선생님이 금메달을 달아 줄게!

마음이 : 감사합니다. 와~ 신난다!

## 기뻐요

차은진 작사 · 작곡

선생님, 마음이 노래

선생님 : 친구들이 목표한 개수를 다 넘어서 선생님은 너무 기뻐요.
그래서 재미있는 인형극을 보여 줄게요.

➩ 선생님 퇴장

➩ 박쥐 등장

마음이 : 인형극은 재미있지만 어두운 건 싫어.

박쥐 : 난 동굴이 어두워 날개로 얼굴을 가리고 거꾸로 매달려 있단다.

마음이 : 깜깜하면, 도깨비가 나온다구!

### 무서워요

차은진 작사 · 작곡

박쥐, 마음이 노래

박쥐 : 우리는 어두움이 무섭지만 선생님은 조그만 벌레가 무섭대.

마음이 : 정말? 벌레가 뭐가 무섭지? 헤헤헤.

나만 무서운 게 아니구나. 선생님도 무서운 게 있네.

박쥐 : 그래, 모든 사람들은 제각기 무서운 게 있대.

➩ 박쥐 퇴장

➩ 마음이 퇴장

➩ 해설 등장

**해 설** 마음이네 반에서는 악기 놀이 발표회가 있어요. 마음이는 하모니카 연주를 하기로 했는데, 오늘따라 소리가 잘 나지 않았어요. 마음이는 짜증이 났어요.



➩ 해설 퇴장

➩ 마음이 등장

➩ 고양이 등장

고양이 : 나는 뭔가 잘하고 싶을 때 안 되면 진짜 짜증이 나!

마음이 : 나는 하모니카 연주가 내 뜻대로 안돼!

### 짜증 나요

차은진 작사 · 작곡

고양이, 마음이 노래

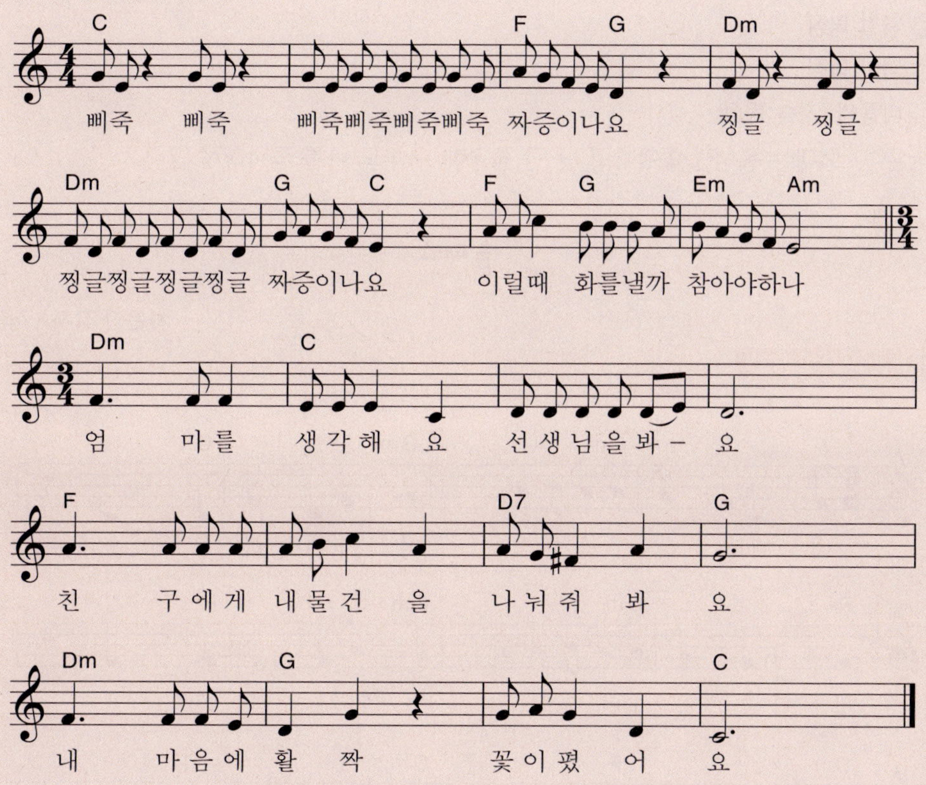


고양이 : 짜증을 낸다고 내가 원하는 게 되는 긴 아닌 것 같아.

마음이 : 그래 맞아 이럴 땐 친구들이 하는 걸 보면서 쉬어야겠어.

고양이 : 어? 저 친구는 거꾸로 들고 하고 있네.

마음이 : 내가 가서 도와줘야지. 아! 이제는 제대로 소리가 나는구나!

고양이 : 네가 친구를 도와주니 짜증이 사라지는구나.

➩ 고양이 퇴장

➩ 마음이 퇴장

➩ 해설 등장

**해 설** 아침에는 햇살이 있었는데 구름이 생기고 빗방울이 떨어지면서 비가 오기 시작해요. 집에 도착한 마음이는 엄마와 동생이 함께 있는 모습에 샘이 나고 슬펐어요.

➩ 해설 퇴장

➩ 엄마 등장

➩ 마음이, 사슴 등장

마음이 : 엄마는 동생만 좋아하고 난 안 좋아해. 아무도 나를 좋아하지 않아.

## 슬퍼요

차은진 작사 · 작곡

사슴, 마음이 노래

엄마 : 마음아! 동생은 안 놀아 주면 울고 보챈단다.
　　　마음이는 이렇게 씩씩하잖아. 사실 엄마는 마음이가 제일 좋아.

마음이 : 정말? 나도 사실은 엄마가 제일 좋아요.

⇨ 엄마가 마음이를 안아 주고 함께 퇴장

## 햇살이 가득한 아침에

차은진 작사 · 작곡

다 함께 노래

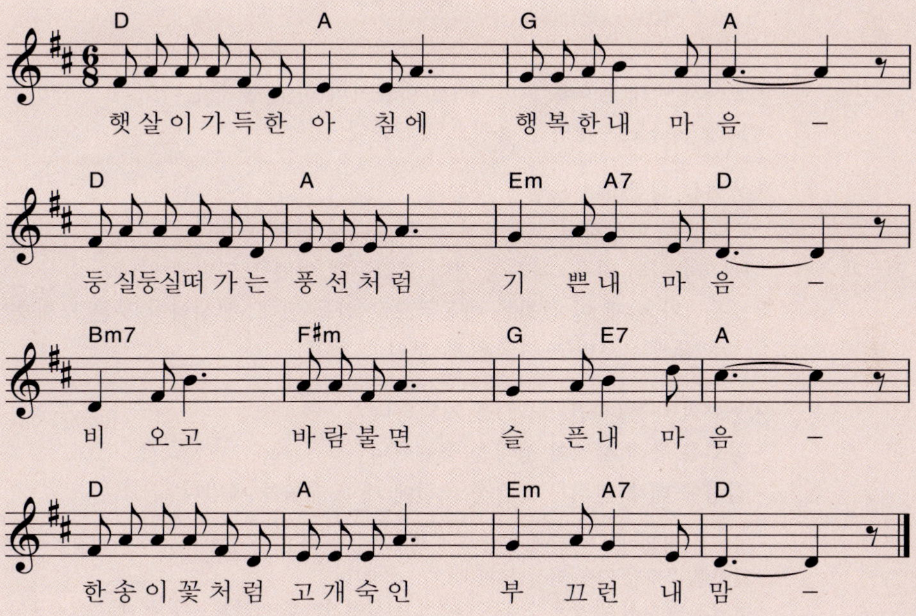

## 단위 활동 계획안

| 활동 제목 | 마음이의 하루 | | |
|---|---|---|---|
| 활동 유형 | 동화 듣기 | | |
| 활동 목표 | • 동화의 내용을 주의 깊게 듣는다.<br>• 6가지 감정이 동화 안에 있음을 안다.<br>• 사람에게는 감정의 발생, 유지, 소멸의 과정이 있음을 안다.<br>• 동화 안에 구성된 노래를 운율에 따라 들어 보고 반응한다.<br>• 등장인물을 기억할 수 있다. | | |
| 준 비 물 | 「마음이의 하루」 동화책을 막대 동화로 구성, 뒷배경판, 노래 음원 | | |
| 집단 형태 | 대집단 | 소요 시간 | 10분 |
| 활동 방법 | 내 용 | | |
| 도 입 | • 교사가 막대 동화로 읽어 주는 「마음이의 하루」를 듣는다.<br>• 노래가 나오는 장면은 음원으로 듣는다. | | |
| 전 개 | • 동화를 회상하며 느낌을 나눈다.<br>- 내용을 회상하며 노래극의 노래를 다시 한번 듣는다.<br>- 「마음이의 하루」 동화를 들어 보았는데 어떤 느낌이 들었니?<br>- 우리가 이제 이 동화를 아동극으로 만들 건데, 선생님이 부른 노래를 모두 함께 부르며 노래극을 해 보자. | | |
| 평 가 | • 동화의 내용(사건, 노래)을 기억하니?<br>• 동화를 통해 서로의 생각을 공유했니?<br>• 감정에 대해 인식하고 감정 조절에 대한 계획을 세웠니? | | |
| 참 고 | • 장면1- 마음이가 아침에 일어나서 행복하고 기쁘고 슬프고 부끄러운 마음들이 하루 일과에 나타날 것을 암시한다.<br>• 장면2- 유치원 앞에서 수줍은 마음으로 들어가기를 꺼려하고 있을 때 부끄러움의 상징인 고슴도치가 등장해 대화로 문제를 해결하는 내용이다.<br>• 장면3- 마음이가 좋아하는 인형을 교실에서 다른 친구가 가지고 노는 것을 보고 화가 나는 장면으로, 급한 성질의 상징인 고릴라가 등장해 대화로 문제를 해결하는 내용이다.<br>• 장면4- 줄넘기 넘기에 대한 과제를 수행했을 때 나타나는 기쁨을 선생님과의 대화 속에서 공유하는 내용이다.<br>• 장면5- 인형극을 보기 위해 어두운 곳에서 무서움을 느낄 때, 동굴에서 생활하는 박쥐가 등장해 대화를 통해 무서움에 대한 보편성을 공유하는 내용이다.<br>• 장면6- 학습이 요구되는 활동(예: 하모니카 불기)에 짜증을 느낀 마음이 앞에 예민함의 상징인 고양이가 등장해 대화로 문제를 해결하는 내용이다.<br>• 장면7- 유치원 일과를 마치고 집으로 돌아온 마음이는 엄마와 동생의 스킨십에 소외감과 슬픔을 느끼게 되는데, 사슴이 등장해 대화로 문제를 해결하는 내용이다.<br>• 장면8- 수없는 사건으로 다양한 감정이 나타나지만, 성장하는 유아의 자연스러움으로 수용하는 내용이다. | | |

<table>
<tr><td>활동 제목</td><td colspan="3">마음이가 화가 났어요</td></tr>
<tr><td>활동 유형</td><td colspan="3">대사 구성하기</td></tr>
<tr><td>활동 목표</td><td colspan="3">• 동화에서 장면을 인식할 수 있다.<br>• 마음이가 화가 나는 이유를 말로 표현할 수 있다.<br>• 고릴라와의 대화를 어떻게 전개할 것인지 생각할 수 있다.<br>• 다른 사람의 생각을 주의 깊게 듣고 경험을 떠올려 상황에 몰입할 수 있다.<br>• 친구와 자신의 생각의 공통점을 찾아 대사로 만들 수 있다.</td></tr>
<tr><td>준 비 물</td><td colspan="3">고릴라의 화난 얼굴과 웃는 얼굴, 동화책, 필기도구, 책상에 둥글게 앉기</td></tr>
<tr><td>집단 형태</td><td>소집단-4, 5명의 유아와 교사</td><td>소요 시간</td><td>25분</td></tr>
<tr><td>활동 방법</td><td colspan="3">내 용</td></tr>
<tr><td>도 입</td><td colspan="3">• 고릴라의 화난 얼굴과 웃는 얼굴을 보며 상황에 대한 이야기를 나눈다.<br>- 선생님이 동화에서 마음이가 화가 나는 장면의 대사를 친구들과 만들어 보려고 해. 친구들의 생각을 종이에 적어서 공연할 때 외워 보도록 하자.</td></tr>
<tr><td>전 개</td><td colspan="3">• 화가 난 마음이의 마음에 대해 이야기를 나눈다.<br>- 마음이는 교실로 들어와서 화가 났어. 왜냐하면, 마음이가 좋아하는 인형을 다른 친구가 가지고 있었기 때문이야. 우리 친구들이라면 어땠을까? 마음이의 기분을 표정으로 표현해 볼까?<br>• 친구들 간에 서로 표정을 보며 느낀다.<br>- 이제 우리 친구들이 마음이라면 무슨 말을 하게 될까?<br>• 유아들이 생각을 말로 표현할 때, 교사는 그대로 종이에 적는다(상황에 맞지 않는 말이라도 들어주고 정확한 문장으로 수정한 다음 적는다).<br>- 고릴라는 왜 가슴을 치고 코를 벌름거리면서 나타났을까? 아마도 화가 난 표현인가 봐. 우리 친구들은 화가 나면 어떻게 말을 하고 행동해?<br>• 유아들은 자기의 생각을 솔직하게 표현한다.<br>- 그런데 화가 나서 때리거나 밀면서 어떤 말을 하게 될까? 또 때리거나 밀지 않고 말로 화를 표현할 수 있는 방법이 있을까? 우리 친구들은 화가 났을 때, 어떻게 할지 선생님한테 이야기해 줄래?<br>• 동화에서, 일상에서 화가 났을 때를 연상하며 순서대로 이야기를 해 본다.<br>• 교사는 유아의 생각을 정리해서 대사를 정해 발표한다.</td></tr>
<tr><td>평 가</td><td colspan="3">• 서로의 다양한 경험을 말로 표현했니?<br>• 마음이와 고릴라의 입장을 이해하고 감정 이입하여 대사를 표현했니?<br>• 화가 났을 때 나와 다른 사람을 다치게 하지 않는 적절한 표현을 알았니?</td></tr>
</table>

| 활동 제목 | 햇살이 가득한 아침에 | | |
|---|---|---|---|
| 활동 유형 | 노래 배우기 | | |
| 활동 목표 | 교육적 목표 | • 즐겁게 부를 수 있다.<br>• 4가지 마음을 알고 색깔로 마음을 표현한다. | |
| | 음악적 목표 | • 2박자(6/8박자) 노래를 부른다.<br>• 노래 형식이 반복과 대조로 구성됨을 안다.<br>• 높은음과 낮은음의 변화를 새와 쥐로 설명해 높낮이를 이해한다. | |
| 준 비 물 | 노래판, 4가지 색 하트 종이, 더블 캐스터네츠, 새와 쥐 그림 카드 | | |
| 집단 형태 | 대집단, 소집단 | 소요 시간 | 20분 |
| 활동 방법 | 내 용 | | |
| 도 입 | • 4가지 색(초록색, 노란색, 파란색, 빨간색)의 하트를 본다.<br>- 이 하트는 우리의 마음을 색으로 표현한 거야. 어떤 색의 하트가 나올 때 어떤 노랫말이 나오는지 선생님의 노래를 잘 들어 봐. | | |
| 전 개 | • 노래를 들으면서 각 노랫말에 맞는 하트를 본다. 노래를 몇 번이고 듣고 노랫말의 특징을 탐구한다.<br>- 초록색 하트(행복한 마음), 노란색 하트(기쁜 마음) 파란색 하트(슬픈 마음), 빨간색 하트(부끄러운 마음)<br>• 노래를 부르고 연주를 하며 음악적 요소를 찾아본다.<br>• 리듬에 대해 알아본다.<br>- 선생님이 이번에는 노래에 음을 붙이지 않고 리듬만으로 노래를 해 볼 테니 우리 친구들이 말한 마음의 순서가 맞는지 잘 들어 봐.<br>• 높은음과 낮은음을 구별할 수 있도록 새와 쥐로 표현해 보도록 한다.<br>- 세 번째 단의 비 오고에서 '비'는 낮은음으로 쥐를, '고'는 높은음으로 새를 붙여 볼게.<br>• 두 마디씩 나누어 음악 형식을 알 수 있도록 한다.<br>- 이번에는 행복한, 기쁜, 슬픈, 부끄러운 마음이 나올 때만 친구들이 노래를 불러 보고 나머지는 선생님이 불러 볼게.<br>• 프레이즈를 알 수 있도록 한다.<br>- 4마디 끝에 교사는 더블 캐스터네츠로, 유아는 박수로 연주한다.<br>• 2박자 노래임을 설명한다.<br>- 6/8박자에 맞추어 노래를 불러 보자. | | |
| 평 가 | • 어떤 노래를 배웠니?<br>• 높은음과 낮은음의 상징적 표현을 알게 되었니?<br>• 노래의 형식이 반복 세 번, 대조 한 번이라는 것을 알았니? | | |

| 활동 제목 | 동화 속 등장인물 역할 정하기 | | |
|---|---|---|---|
| 활동 유형 | 역할 정하기 | | |
| 활동 목표 | • 동화에 등장하는 역할이 몇 명인지, 누구인지 안다.<br>• 내가 하고 싶은 역할이 나하고 어울리는지 생각할 수 있다.<br>• 역할과 관련된 노래와 대사를 기억할 수 있다.<br>• 같은 역할을 맡은 친구들과 공동체로서의 소속감을 갖는다. | | |
| 준 비 물 | 화이트 보드판, 등장인물 그림, 매직펜 | | |
| 집단 형태 | 대집단, 소집단 | 소요 시간 | 20분 |
| 활동 방법 | 내 용 | | |
| 도 입 | • 박쥐 가면을 쓴 선생님을 본다.<br>– 선생님은 역할이 정해지면 이제 박쥐가 되어 동굴 체험을 떠나려고 해. 우리 친구들도 역할을 정해 체험 활동을 해 볼까? | | |
| 전 개 | • 등장인물에 대해 이야기를 나눈다.<br>– 선생님이 등장인물 그림을 가지고 와서 보드판에 하나씩 붙여 볼게. 동화에 나오는 인물이 누가 있는지 친구들이 아는 대로 말해 줄 수 있겠니?<br>• 각 역할의 특징과 소중함에 대해 이야기를 나눈다.<br>– 고슴도치는 가시 옷을 입고 몸을 둥글게 말 수 있는 재주가 있대. 고슴도치처럼 몸을 둥글게 말아서 공처럼 굴러 볼 수 있니?<br>– 고릴라는 몸과 목소리가 크고 눈이 클 것 같은데, 눈이 크고 힘은 세지만 다른 사람을 다치지 않게 화를 말로 표현할 수 있는 친구가 있을까?<br>– 박쥐는 동굴에 살지만 악당을 물리치는 용기가 있어. 이런 친구가 있을까?<br>– 고양이는 우리 주변에 있는 귀여운 동물이지? 그리고 고양이는 자기 몸을 깨끗이 할 수 있는 동물이야. 고양이처럼 예쁜 친구가 누굴까?<br>– 사슴은 다른 동물을 헤치지 않는 동물이래. 사슴 같은 친구가 있을까?<br>– 마음이는 장면을 둘로 나누어서 마음이1, 마음이2로 역할을 나눌 거야.<br>– 마지막으로 엄마와 선생님을 해 볼 친구는 누굴까?<br>• 등장인물은 마음이1, 마음이2, 선생님, 고슴도치, 고릴라, 박쥐, 고양이, 사슴, 엄마로 구성되어 있고 기호에 따라 질서 있게 선택한다.<br>• 역할을 정하면 각 등장인물별 모둠이 형성되고 모둠별로 활동한다. 각 모둠별 구성원을 확인하고 친밀하게 함께 앉아 본다. | | |
| 평 가 | • 등장인물이 몇 명이 나오는지 알고, 각각의 특징을 알고 있니?<br>• 자기가 원하는 역할을 무리 없이 정했니?<br>• 각 역할에 따른 대사와 노래를 기억하니? | | |

<table>
<tr><td>활동 제목</td><td colspan="3">역할에 따른 가면 만들기</td></tr>
<tr><td>활동 유형</td><td colspan="3">소품 및 가면 만들기</td></tr>
<tr><td>활동 목표</td><td colspan="3">• 동화 속 인물에 대한 감정 이입을 할 수 있다.<br>• 등장인물의 특징에 맞는 가면을 만들 수 있다.<br>• 표현력과 심미감을 갖는다.</td></tr>
<tr><td>준 비 물</td><td colspan="3">가면, 역할에 따른 막대 동화, 화지, 가위, 크레파스 등 그리기 도구, 동영상 자료</td></tr>
<tr><td>집단 형태</td><td>소집단</td><td>소요 시간</td><td>40분</td></tr>
<tr><td>활동 방법</td><td colspan="3">내 용</td></tr>
<tr><td>도 입</td><td colspan="3">• 가면을 쓴 연극 동영상을 본다.<br>- 선생님이 가면을 쓰고 연극하는 동영상을 가지고 왔어. 한번 보면서 친구들이 맡은 역할 가면을 어떻게 만들지 생각해 보자.</td></tr>
<tr><td>전 개</td><td colspan="3">• 동화에 나오는 등장인물의 형태를 각각 자세히 탐구해 그려 본다.<br>- 고릴라는 어떻게 생겼지? 눈과 코와 얼굴의 모양이 어떤지 기억하니?<br>- 고슴도치는 어떻게 생겼지? 눈과 코와 얼굴의 모양이 어떤지 기억하니?<br>- 박쥐는 어떻게 생겼지? 눈과 코와 얼굴의 모양이 어떤지 기억하니?<br>- 고양이는 어떻게 생겼지? 눈과 코와 얼굴의 모양이 어떤지 기억하니?<br>- 사슴은 어떻게 생겼지? 눈과 코와 얼굴의 모양이 어떤지 기억하니?<br>• 충분히 생각한 다음 같은 역할을 맡은 친구들과 모둠별로 앉아 친구들의 작품을 감상하거나 모방하면서 작업한다.<br>• 다 완성한 친구는 가위로 오려서 머리띠에 양면 테이프로 붙이고 교사의 도움을 받아 고무줄을 달아 머리띠를 완성하고 써 본다.</td></tr>
<tr><td>평 가</td><td colspan="3">• 각 역할에 감정 이입을 해 역할 가면을 성의껏 만들었니?<br>• 나름의 표현으로 모방과 창의성을 발휘했니?<br>• 손과 눈의 협응이 잘 이루어졌니?<br>• 친구들과 내 작품의 특징을 비교할 수 있었니?</td></tr>
</table>

<table>
<tr><td>활동 제목</td><td colspan="3">역할 팀의 무대 활동</td></tr>
<tr><td>활동 유형</td><td colspan="3">무대에서 실행하기</td></tr>
<tr><td>활동 목표</td><td colspan="3">• 무대 매너를 익힌다.<br>• 노래극의 순서를 알고 내가 나오는 순서의 음악을 기억한다.<br>• 무대 공간을 어떻게 사용할 것인지 반복적인 활동을 통해 익힌다.<br>• 노래극의 처음부터 끝까지 역할 인물로, 배경 인물로 무대에 있어야 함을 안다.<br>• 각 역할 팀이 하나가 되어 함께 율동을 하며 질서 있게 움직인다.</td></tr>
<tr><td>준 비 물</td><td colspan="3">전체 유아들이 공연할 수 있는 무대, 음원이나 반주자, 동영상 자료</td></tr>
<tr><td>집단 형태</td><td>대집단</td><td>소요 시간</td><td>30분</td></tr>
<tr><td>활동 방법</td><td colspan="3">내 용</td></tr>
<tr><td>도 입</td><td colspan="3">• 이전에 공연했던 노래극 동영상을 처음부터 끝까지 본다.<br>• 무대에서 지켜야 할 무대 매너와 질서에 대해 관심을 갖고 본다.<br>(공연을 위한 무대에서의 리허설은 유아들에게 흥분을 일으키고, 소란해질 수 있으므로 특별히 안전과 질서에 대한 안내가 필요하다)<br>• 먼저 무대 중앙에서 유아가 충분히 나올 수 있는 거리에 전체 유아 수만큼의 의자를 이야기 나누기 배열처럼 아치형으로 배치한다.</td></tr>
<tr><td>전 개</td><td colspan="3">• 입장하는 순서대로 줄을 서서 역할별로 의자에 앉는다. 전체 유아가 다 앉았으면, "일어나세요(도레미파솔)."의 피아노 음에 맞춰 함께 일어서서 인사를 하고 제목을 합창한 후 "앉아주세요(솔파미레도)."의 피아노 음에 맞춰 앉는다. 노래는 다 함께 불러 노래극의 흐름을 따른다.<br>• 해설 음악이 나오면 해설 역할 팀이 등장해 극의 전반적인 흐름에 대해 안내하고 〈햇살이 가득한 아침에〉 노래를 한 후, 음악에 따라 질서 있게 퇴장한다.<br>• 마음이 음악이 나오면, 마음이와 고슴도치가 등장하여 대사와 〈수줍어요〉 노래를 한 후, 고슴도치만 음악에 따라 퇴장한다.<br>• 고릴라가 음악에 따라 입장하고 〈화가 나요〉 노래와 대사 후 퇴장한다.<br>• 선생님이 음악에 따라 입장하고 〈기뻐요〉 노래와 대사 후 퇴장한다.<br>• 박쥐가 음악에 따라 입장하고 〈무서워요〉 노래와 대사 후 퇴장한다.<br>• 고양이가 음악에 따라 입장하고 〈짜증 나요〉 노래와 대사 후 퇴장한다.<br>• 엄마가 음악에 따라 입장하고 〈슬퍼요〉 노래와 대사 후 퇴장한다.<br>• 해설이 음악에 따라 입장한 후 마음이의 하루에 대한 설명 후 퇴장한다.<br>• 모두 자리에 앉으면 처음 불렀던 노래를 다 같이 부른 뒤 인사 후 끝난다.</td></tr>
<tr><td>평 가</td><td colspan="3">• 노래극의 순서에 맞게 역할 팀이 활동했니?<br>• 처음부터 소속감과 책임감을 갖고 노래극에 참여했니?</td></tr>
</table>

| 활동 제목 | 「마음이의 하루」 노래극 공연하기 | | |
|---|---|---|---|
| 활동 유형 | 공연하기 | | |
| 활동 목표 | • 자기 역할을 긴장하지 않고 수행한다.<br>• 역할 팀이 하나가 되어 협동하여 함께 노래와 대사를 맞추어서 한다.<br>• 실제 공연인 만큼 장난하지 않고 진지하게 임한다.<br>• 관객과 한 호흡이 되어 일체감을 느낀다.<br>• 예술적 감동을 느껴 본다. | | |
| 준 비 물 | 역할에 따른 의상, 가면, 소품, 관객(부모님이나 다른 반 친구들) | | |
| 집단 형태 | 대집단 | 소요 시간 | 15분 |
| 활동 방법 | 내용 | | |
| 도 입 | • 공연 전 긴장하지 않도록 이야기를 나눈다.<br>- 오늘은 부모님들이 우리들이 준비한 노래극 공연을 관람하러 오시는 특별한 날이구나.<br>- 우리 친구들이 그동안 노래 부르기, 대사 외우기, 음악에 따라 입 · 퇴장하기를 해 보았던 것을 잘 기억해 좋은 공연을 보여드렸으면 좋겠어.<br>- 선생님이 피아노로 표시해 두었으니까 선생님의 신호에 맞추어 노래극 활동을 해 보자. 우리 친구들이 기억하고 있는 순서에 맞추어 나와 줄 수 있겠니? 생각이 안 나면 선생님과 친구들을 보고 맞추면 잘 될 거야. | | |
| 전 개 | • 미리 초대장을 만들어 관람할 사람에게 전달하고 노래극의 제목과 자기가 맡은 역에 대해 소개하고 초청한다.<br>• 전체 유아가 입장 음악에 따라 질서 있고 율동적으로 들어가고, 관객은 박수로 환영해 준다. 자리에 앉은 다음 순서에 따라 진행한다.<br>• 노래극이 끝나면, 입장과 마찬가지로 음악에 맞추어 질서 있고 율동적으로 퇴장한다.<br>• 퇴장 후 친구들과 협동하여 활동했는지, 공연이 재미있었는지, 감동을 느꼈는지를 이야기해 본다. | | |
| 평 가 | • 초대장을 전달하면서 노래극에 대한 설명과 맡은 역에 대해 적절히 설명했니?<br>• 공연이 연습했던 대로 잘 이루어졌니?<br>• 역할 팀이 협동하면서 서로 일체감을 느꼈니?<br>• 공연 후 만족도와 성취감이 있었니?<br>• 예술적 경험(감동)을 체험했니? | | |

| 활동 제목 | 평가해 보기 | | |
|---|---|---|---|
| 활동 유형 | 평가하기 | | |
| 활동 목표 | • 노래극 활동 후 회상한다.<br>• 노래극 활동 후 자기의 느낌을 말이나 글로 표현할 수 있다.<br>• 노래극 장면의 노래나 대사를 실제 상황에서 활용할 수 있다.<br>• 또래 집단과의 친밀감을 갖는다. | | |
| 준 비 물 | 화지, 그림 도구, 글을 쓸 수 있는 도구, 동영상 자료 | | |
| 집단 형태 | 대집단 | 소요 시간 | 30분 |
| 활동 방법 | 내 용 | | |
| 도 입 | • 공연했던 동영상을 본다.<br>- 선생님이 지난번 부모님을 모시고 활동했던 노래극을 동영상으로 준비했어. 오늘은 친구들이 했던 노래극을 보면서 얼마나 재미있고 신나게 했는지 함께 살펴보자. | | |
| 전 개 | • 동영상을 보고 공연 시 느낌을 이야기 나눈다.<br>- 선생님은 친구들이 노래극을 할 때, 감동적이었어. 감동적이라는 것은 너무 기뻐 눈물이 나올 것 같은 느낌이라는 뜻이야.<br>- 우리 친구들이 너무도 멋지게 선생님의 이야기를 잘 들어주었고 다른 친구를 도와주어서 노래극이 훌륭하게 끝날 수 있었어.<br>- 노래를 어찌나 신나게 잘 부르던지 부모님들도 함께 따라하시는 거야.<br>- 부모님들도 선생님한테 너희들의 의젓함을 칭찬해 주셨어.<br>- 친구들은 어떻게 생각하는지 선생님은 궁금해. ○○이가 이야기해 볼까?<br>• 공연 시 흥분되었던 일, 기뻤던 일, 힘들었던 일을 순서대로 발표한다.<br>- 그런데 ○○이는 노래극 시작하기 전에 슬픈 얼굴을 했어. 알고 봤더니 조금 창피했대. 그래도 용기를 내서 노래극을 함께했어. 선생님은 ○○이를 칭찬하고 싶어.<br>• 느낀 점을 그림이나 글로 표상해 본다.<br>- 이제 우리 친구들의 이야기를 다 들어줄 수 없으니, 너희 생각을 그림이나 글로 써 보는 거야. 이런 걸 소감이라고 해.<br>- 소감을 그림이나 글로 쓰면 선생님이 게시판에 붙여 놓을 거고 친구들은 다른 친구들의 생각을 느낄 수 있게 될 거야. | | |
| 평 가 | • 자신의 생각을 말로 잘 전달했니?<br>• 자신의 생각을 그림이나 글로 잘 표현했니?<br>• 친구들의 이야기를 주의 깊게 듣고, 친구들의 글이나 그림에 공감을 했니? | | |

# 혹부리 영감님

## 1차식 - 동화 듣기

목표 : 노래극 활동을 위해 선택된 전래 동화를 생동감 있게 들려 주고 내용을 익히게 한다.

**도 입**

'혹' 을 보여 주면서

교 사 : 이것이 무엇일까? 만약 이것이 얼굴에 붙어 있다면 어떨까? 옛날에 이런 혹을 가진 할아버지 두 분이 있었단다. 선생님이 이야기를 들려줄 테니, 들어 볼까?

**전 개**

「혹부리 영감님」 동화를 처음부터 끝까지 들려주면서 중간중간에 나오는 노래를 해설 대신 들려준다. 아이들이 노래를 들을 수 있도록 악기나 그 밖의 재료를 사용하면 더욱 효과적이다.

**마무리**

교 사 : 이야기를 잘 들었니? 이 이야기 속에 나오는 노래를 선생님과 배워서 노래극을 해 볼 거야, 할 수 있겠니? 재미있겠지? 그럼, 다음 시간에는 착한 혹부리 영감님이 등장하는 장면과 나무하는 것을 노래로 배워 보자.

**평 가**

교 사 : 선생님이 이야기를 진행하는 동안, 잘 들어 줘서 고맙구나.

## 주제선정동기

「혹부리 영감님」이라는 전래 동화는 유아교육 기관에서 비교적 많이 인형극이나 극놀이 활동으로 선정되어 사용하고 있습니다. 왜냐하면 얼굴에 혹이 달린 사람과 도깨비가 출현한다는 점이 유아에게는 무척 흥미로운 이야기입니다.

동화에서 착한 혹부리 영감님과 심술쟁이 혹부리 영감님은 선악을 구별하는 잣대입니다. 선과 악이 무엇인지 모르는 유아에게 남의 것을 탐해서 욕심을 부리는 것은 분명 좋지 않다는 것을 말해 주고 있습니다. 또한 혹부리 영감님이 노래를 부르는 것도 유아에게 호기심을 유발할 수 있는 소재이고, 노래가 나오는 곳이 혹이라고 도깨비를 속이는 설정도 공감하기에 충분해 유아들이 상상력과 창의력을 발휘할 수 있습니다.

특히 도깨비는 현실에서는 보이지 않는 무서운 존재이지만 노래극에서는 친근하고 재미있는 역할로 인식되고 있습니다. 그러기에 도깨비라는 역할을 서로 맡아보려 하고 도깨비가 되어서 신나게 놀며 방망이를 휘둘러 봅니다.

2개의 막으로 구성된 이 노래극은 1막은 마음씨 착한 혹부리 영감님이 도깨비를 만나는 장면, 2막은 심술쟁이 혹부리 영감님이 도깨비를 만나 혼쭐이 나는 장면으로 구성되어 있습니다. 2개의 막이 한 장소에서 일어나 사건을 시간적, 공간적으로 이해할 수 있게 해 주는 동화이기에 노래극으로 만들어 보았습니다.

## 주제망 구성

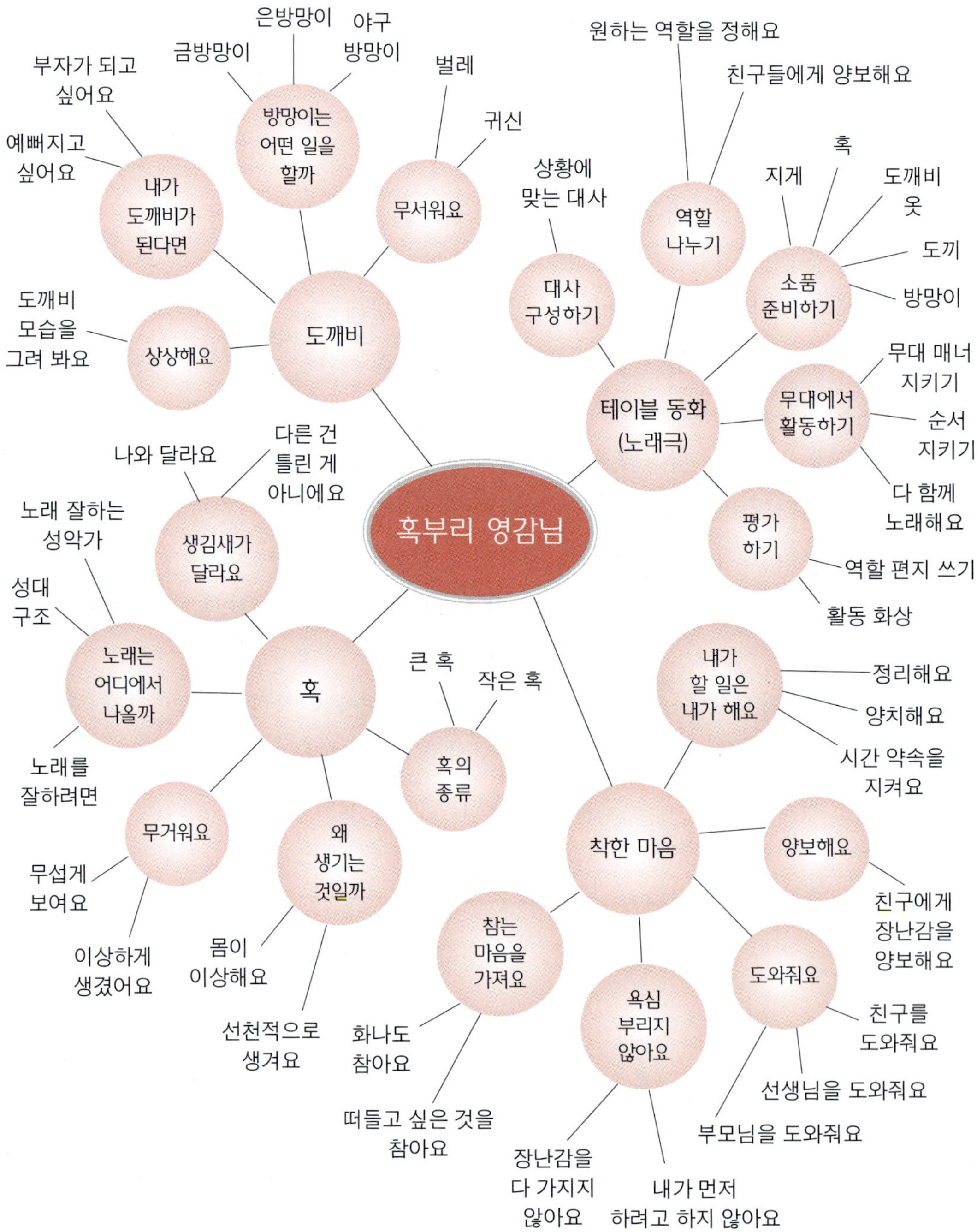
혹부리 영감님
도깨비
내가 도깨비가 된다면
부자가 되고 싶어요
예뻐지고 싶어요
방망이는 어떤 일을 할까
금방망이
은방망이
야구 방망이
무서워요
벌레
귀신
상상해요
도깨비 모습을 그려 봐요
테이블 동화 (노래극)
대사 구성하기
상황에 맞는 대사
역할 나누기
원하는 역할을 정해요
친구들에게 양보해요
소품 준비하기
지게
혹
도깨비 옷
도끼
방망이
무대에서 활동하기
무대 매너 지키기
순서 지키기
다 함께 노래해요
평가 하기
역할 편지 쓰기
활동 화상
혹
생김새가 달라요
나와 달라요
다른 건 틀린 게 아니에요
노래는 어디에서 나올까
노래 잘하는 성악가
성대 구조
노래를 잘하려면
혹의 종류
큰 혹
작은 혹
무거워요
무섭게 보여요
이상하게 생겼어요
왜 생기는 것일까
몸이 이상해요
선천적으로 생겨요
착한 마음
내가 할 일은 내가 해요
정리해요
양치해요
시간 약속을 지켜요
양보해요
친구에게 장난감을 양보해요
도와줘요
친구를 도와줘요
선생님을 도와줘요
부모님을 도와줘요
참는 마음을 가져요
화나도 참아요
떠들고 싶은 것을 참아요
욕심 부리지 않아요
장난감을 다 가지지 않아요
내가 먼저 하려고 하지 않아요

## 줄거리

옛날 어느 마을에 턱에 커다란 혹이 붙은 영감님 두 분이 살고 있었습니다.
한 영감님은 마음씨가 고왔지만 다른 영감님은 심술쟁이였어요.
하루는 마음씨 좋은 영감님이 산에 나무를 하러 갔다가 길을 잃었습니다.
"큰일났네, 날은 어두운데 길을 잃었으니……. 어, 저기 빈집이 있네."
영감님은 쓰러져 가는 빈집을 발견하고는 그곳에서 밤을 지내기로 하였어요.
"좀 으스스한 걸, 그래! 노래를 신나게 부르면 무섭지 않을 거야."
영감님이 한참 흥이 나서 노래를 부르고 있는데, 천장에서 소리가 났어요.
"혹부리 영감, 노랫소리 한번 기막히구려. 그 노래는 어디에서 나오는 거요?"
깜짝 놀란 영감님이 소리 나는 쪽을 보자, 무섭게 생긴 도깨비들이 떡 버티고 있었어요.
영감님은 너무 무서워서 기절할 것 같았지만, 정신을 똑바로 차리고 말했어요.
"제 노래는 이 혹에서 나는 것입니다요."
"그래? 그럼 그 신나는 노래가 나오는 혹과 우리의 보물 자루를 서로 바꾸면 어떻겠소?"
영감님이 고개를 끄덕거리자, 도깨비들은 도깨비 방망이를 두드려 순식간에 보물이 가득 든 자루를 놓아 두고 영감님의 턱에 달린 혹을 떼어 사라졌습니다.
마음씨 좋은 영감님은 집으로 돌아와 부자가 되었답니다. 이 소식을 들은 심술쟁이 영감님은 마음씨 좋은 영감님을 찾아갔어요. 어떻게 부자가 되었는지가 궁금했기 때문이에요. 마음씨 좋은 영감님은 도깨비를 만난 이야기를 들려주었어요. 이야기를 듣자마자 심술쟁이 영감님은 도깨비들이 나타났다던 빈집으로 가서 큰 소리로 노래를 불렀어요.
잠시 후, 정말로 도깨비들이 나타났어요.
"도깨비들아, 잘 왔다. 어서 내 혹을 떼어 가고 보물 자루를 다오."
"이런, 거짓말쟁이 영감! 잘 만났다. 뭐? 혹에서 노래가 나온다고? 어디, 혼 좀 나봐라."
도깨비들은 도깨비 방망이로 심술쟁이 영감님을 마구 때렸어요. 그리고는 "거짓말쟁이에게 저번에 뗀 혹도 달아 줘라."라고 말하며 혹을 더 달아 주었어요. 혹을 달아 주고 도깨비들이 사라지자 영감님은 너무 억울해서 어린애처럼 큰 소리로 울었어요.
"에고, 내가 너무 욕심을 부리다가 오히려 화를 당했구나."
쌍혹부리가 되어 마을로 돌아온 영감님을 보고 사람들은 배를 잡고 웃었습니다.

## 2차식 - 노래 배우기

노　　　래 : ① 마음씨 좋은 혹부리 영감님　　② 나무를 하세

교육적 목표 : 동화 속의 내용을 노래로 표현해 봄으로써 참여의 적극성을 갖게 하고, 표현력을 증진시킨다.

음악적 목표 : 1) 첫 박자의 강약 표현을 해 보고 음악의 흐름을 이해한다.
2) 나무를 하는 표현이 당김음을 통해 나타나도록 한다.

**도 입**

악기를 보여 주고 노래를 부를 때 어떻게 악기를 이용할지 유아들에게 예상하게 해 보고 적절한 때 악기를 사용하여 노래 부르기 동기를 부여한다.

**전 개**

〈마음씨 좋은 혹부리 영감님〉 노래를 처음부터 끝까지 불러 보고, 착한 혹부리 영감님의 역할을 이해하고 감정 이입을 하면서 노래를 배운다(트라이앵글 사용).

### 마음씨 좋은 혹부리 영감님

차은진 작사 · 작곡

해설 노래

〈나무를 하세〉 노래는 혹부리 영감님의 하루 일과에서 나무와 산이 밀접한 관계가 있고, 나무를 하면서 즐겁게 일을 하는 모습을 표현하며, 나무하는 흉내를 내 보고 시간의 흐름도 알게 하여 유아들을 극에 동화될 수 있게 한다.
노래에서 '나무를 하세' 라는 단어가 나올 때마다 우드 블록을 쳐서 나무를 하는 모습을 연상시킨다.

### 나무를 하세

차은진 작사 · 작곡

마음씨 좋은 혹부리 영감님 노래

마무리

노래 부르기보다는 노래 듣기가 중요하다. 똑같은 노래를 몇 번씩 반복하여 듣게 하려면 악기와 함께 연주하는 것이 효과적이다. 특히, 악기 연주 횟수를 세어 보도록 제시한다면 듣기에 더욱 집중하게 된다. 노래 듣기가 충분히 된 후, 노래 부르기를 시도한다.

교사 : 너무 잘 하는구나, 다음에는 혹부리 영감님이 도깨비 집에서 노래 부르는 것과 도깨비 노래를 가르쳐 줄게.

## 3차시 - 노래 배우기

노　　　래 : 날이 빨리 밝아서

교육적 목표 : 노래 안에서 감정을 표현해 봄으로써 극에 근접할 수 있게 한다(무섭고 슬프게).

음악적 목표 : 노래 전 크게 호흡함으로써 높은음을 내는 방식을 이해한다.

### 도 입

교사 : 혹부리 영감님이 도깨비 집에서 무섭고 떨려서 노래를 부르기 시작했어.

### 전 개



➩ 노래를 불러 준다(슬프게).

교사 : 너희들은 노래를 듣고 나서 어떤 느낌이 드니?

유아 : 슬픈 느낌이에요.

교사 : 그래, 또 다른 느낌이 든 친구는 없니?

교사 : 그럼, 다시 한 번 들어 보자. 어떤 느낌이 드는지 이번에는 선생님의 눈을 보면서 들어 보도록 하자.

➩ 노래를 두 번 불러 준다(무섭고 떨리는 느낌으로).

교사 : 어떠니?

유아 : 슬퍼요, 떨려요.

교사 : 그래, 슬프고도 떨렸구나, 혹부리 영감님은 무서운 집에 들어와 노래를 부르면서 무섭고 떨렸단다. 그럼 이번엔 어떤 느낌인지 들어 보자.

➩ 북을 치면서 신나게 노래를 불러 본다.

교사 : 어떠니?

유아 : 재미있어요, 신나요.

교사 : 그래, 혹부리 영감님은 떨림으로 노래를 불렀지만 노래에 흥이 붙어 신나고 즐겁게 노래 불렀어. 이 노래를 들었던 도깨비들은 어땠을까? 한 번 듣고 또 듣고 싶었겠지? 그래서 혹부리 영감님에게 노래 주머니를 달라고 졸랐던 거야.

마무리

교사 : 혹부리 영감님이 무서운 마음으로 노래를 시작했는데, 노래를 부를수록 신이 났지? 우리도 슬플 때 노래를 부르면 어떨까?

유아 : 기분이 좋아질 것 같아요.

교사 : 그래! 노래는 사람의 마음에 기쁨을 주는 것 같다.

## 날이 빨리 밝아서

차은진 작사 · 작곡

마음씨 좋은 혹부리 영감님 노래

## 4차시 – 노래 배우기

노　　래 : 멋진 그 노래1
교육적 목표 : 도깨비들이 흥이 나서 부르는 노래임을 알고, 감정을 표현하게 한다.
음악적 목표 : 1) 반복되는 리듬과 음정을 이해한다.
　　　　　　2) 다양한 음이름을 설명한다.

### 도 입

〈멋진 그 노래1〉을 부르면서 도깨비 방망이로 첫 박자에는 땅을 쳐 주어 음악적 흐름을 이해하고 극에 흥미를 더한다.

### 전 개

교사가 노래를 하면 유아들은 방망이 대신 손으로 박수를 치면서 리듬을 나누는 연습을 하게 하면 노래 듣기에 집중하게 된다. 이런 식으로 2~3번 노래를 부른 다음, 모두 함께 노래를 불러 본다.

### 마무리

교사 : 혹부리 영감님의 노래와 도깨비들의 노래를 불러 보았어. 너희들이 두 가지 역할을 다 해 볼 거야. 이제 도깨비들이 노래를 부른 후에 어떻게 되었을까?
유아 : 혹부리 영감님이 부자가 됐을 것 같아요.
교사 : 그래, 혹부리 영감님이 부자가 되었겠지?

### 멋진 그 노래 1

차은진 작사 · 작곡

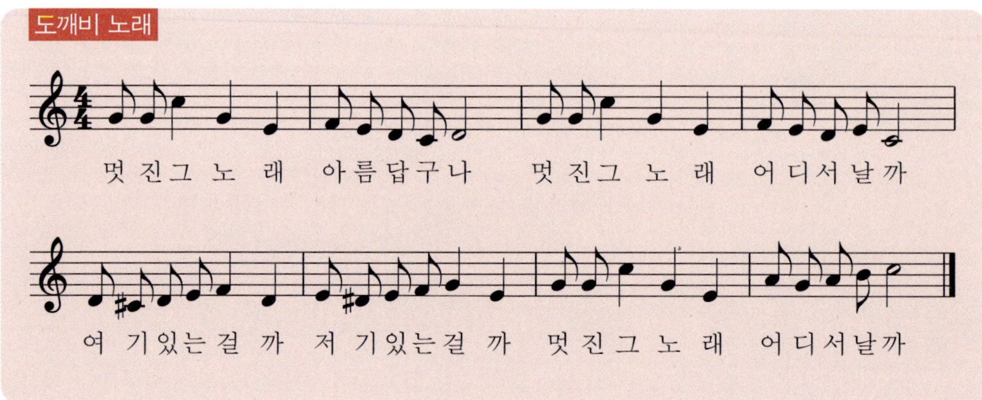

## 5차시 – 노래 배우기

노　　　래 : 요렇게 된답니다1

교육적 목표 : 우리나라 전래 동화의 권선징악에 대해 이해할 수 있고, 동화 속 등장인물에서 모델을 찾는다.

음악적 목표 : 1) 3박자의 리듬을 안다.
2) 으뜸화음(1도)의 느낌을 이해한다.
3) 리코더에 대해 설명한다.

**도 입**

### '리코더' 를 보여 준다.

교사 : 오늘은 선생님이 이 악기로 오늘 배울 노래를 들려줄게.

### 요렇게 된답니다 1

차은진 작사 · 작곡

다 같이 노래

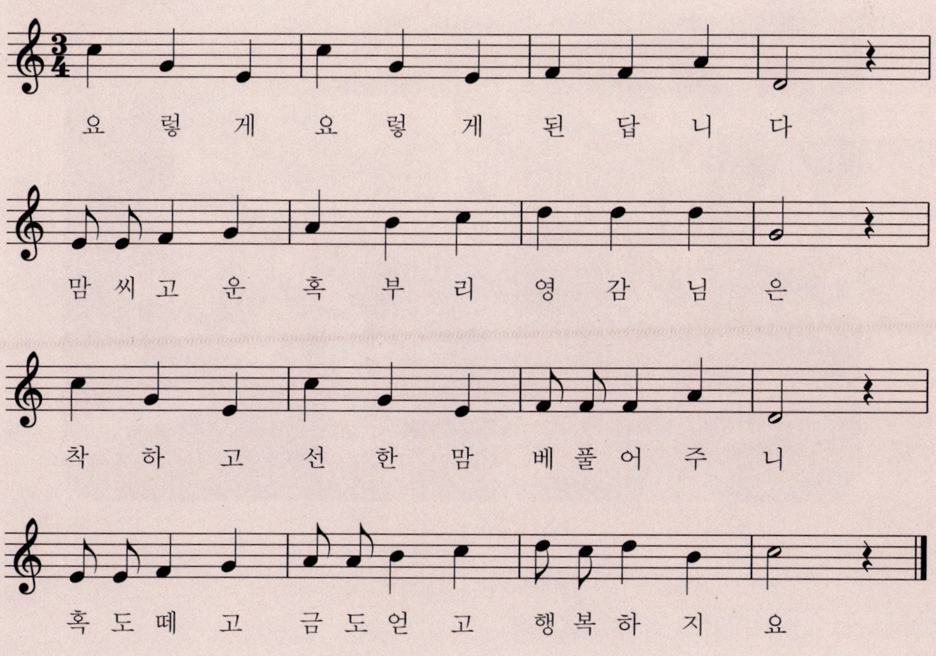

**전 개**

노래를 처음부터 끝까지 부르되, 첫 단과 셋째 단을 강하게 불러 준다.

교사 : 이번에는 너희들이 배우는 하모니카로 불러 볼까?

하모니카로 노래를 불러 준다.

교사 : 이번에는 너희들이 '요렇게' 라는 말이 나올 때만 리코더를 불고, 나머지는 노래를 불러 볼게.

유아들과 약속한 대로 노래를 불러 본다.

교사 : 그럼 다 같이 처음부터 노래를 불러 볼까?

**마무리**

노래를 다 부른 후 '요렇게' 가사의 음인 '도-솔-미' 라는 계이름에 대해 이야기해 주고 위부터 내려오는 아래 음이라는 것을 알려 준다.

## 6차시 - 역할 정하기

교육적 목표

1) 「혹부리 영감님」이라는 동화를 생각해 보면서 자기에게 맞는 역할을 안다.

2) 역할을 통해 감정을 이해한다.

**도 입**

「혹부리 영감님」에 나오는 역할은 누구누구일까?

- 마음씨 좋은 혹부리 영감님
- 심술쟁이 혹부리 영감님
- 도깨비
- 해설

**전 개**

- 유아들이 자기가 원하는 역할에 손을 들어 보게 한다.
- 유아들이 선호하지 않는 역할을 먼저 설명하며 선택할 수 있도록 유도한다.
- 역할이 정해졌으면 편지 쓰기를 해 보자고 한다.
  - 혹부리 영감에게는 혹 모양, 도깨비에게는 도깨비 방망이 모양, 해설자에게는 책 모양의 용지를 제시하여 하고 싶은 이야기를 글이나 그림으로 써서 우체통에 넣어 보게 한다.

교사 : 선생님이 이 중에서 두 개만 뽑아 읽어 볼게.

**마무리**

편지를 읽은 후 느낌에 대해 말하고 자기 역할에 애착을 갖고 감정 이입이 되도록 한다.

## 7차시 - 소품 및 가면 만들기

교육적 목표 : 맡은 역할에 애착을 가지고 작업 활동에 흥미를 가지게 한다.

**도 입**

교사 :「혹부리 영감님」에 나오는 노래를 다 배웠으니, 각자 맡은 역할에 무엇이 필요한지 생각해 보고, 가면과 소품을 만들어 보자.

**전 개**

교사 : 혹부리 영감님 얼굴에는 혹을 붙여야 하는데 무엇으로 만들면 좋을까?

교사 : 가벼우면서 붙이기 편한 것이 있을까?

유아 : 블록이요, 봉지요, 풍선이요. (유아들의 다양한 반응)

교사 : 그래, 풍선으로 만들면 어떨까? 풍선을 불어서 얼굴에 붙여 볼까?

유아 : 풍선은 얼굴 색이 아니잖아요?

교사 : 풍선에 한지를 풀로 붙인 다음 말려서 얼굴빛이 나도록 물감을 칠하면 된단다.

유아 : 도깨비는 뿔도 있어요.

교사 : 그래, 도깨비는 뿔이 있으니 뿔을 만들면 좋겠구나. 뿔은 어떻게 생겼지? 위는 뾰족하고 옆은 둥글고 바닥은 둥글겠지? 이런 모양을 뭐라고 부르는지 아니?

유아 : 원뿔이요.

교사 : 그래, 원뿔이야. 도깨비 역을 맡은 친구 머리에는 원뿔을 만들어서 도깨비처럼 무섭게 변장할 수 있겠구나. 선생님이 자료를 가지고 왔으니까 자료를 가지고 각자 만들어 보자. 대신 같은 역할 친구들은 같은 팀에 앉아서 함께 생각하면서 만들면 좋은 생각이 날 것 같아. 해설은 어떻게 하면 좋을까? 해설하는 친구들은 역할을 설명하고 도와주는 역이니, 동화책 모양으로 띠 가면을 만들면 어떨까?

작업에 들어가면,「혹부리 영감님」노래극에서 나오는 노래를 들려주고 유아들이 노래를 따라 하면서 작업을 하도록 한다.

**마무리**

같은 역할끼리 둥글게 앉아 자기가 만든 소품을 친구들에게 보여 주면서 설명하게 한다. 독특한 형태나 재미있는 생각들은 교사가 한 번 더 이야기해 주고, 하고 싶은 이야기를 한 마디씩 해 봄으로써 역할에 대한 애착과 동기를 가지게 한다.

## 8차시 - 무대에서 실행하기

교육적 목표
1) 2개의 막으로 구성해서 등장인물이 나오는 순서를 이해하게 한다.
2) 인물을 좀 더 사실적으로 표현해 보고 무대 매너를 알게 한다.

### 도 입

교사 : 무대에 올라가면 무대 예절이라는 게 있어. 사람들이 쳐다보기 때문에 떠들거나 장난쳐서도 안 되고 다른 곳을 봐서도 안 된단다. 또 무대에 올라갈 때는 멋진 발걸음을 옮겨야 되고 무대 앞에 서지 않을 때에도 뒤에서 노래를 열심히 해 줘야 한단다.

### 전 개

- 유아들이 무대에 모두 등장한다(등장 시 의자에 앉는 유아와 바닥에 앉는 유아 구분).
- 등장인물이 나오는 순서를 알게 한다.
  - 피아노 사인에 맞추어 해설이 나온다. 나와서 노래를 부르고 나무 소품을 중간에 놓아 둔다.
  - 피아노 사인에 맞추어 혹부리 영감님이 나오면, 〈나무를 하세〉 노래를 다 같이 부르고, 혹부리 영감님은 나무를 하는 동작을 한다. 노래를 마친 후에는 무대 앞으로 나와 "어째 으스스하네. 이럴 땐 노래가 최고야!"라고 하면서 〈날이 빨리 밝아서〉 노래를 한다.
  - 노래가 끝난 후 그 자리에 서 있고, 요란한 북소리와 함께 도깨비들이 무섭게 등장한다.
  - 도깨비가 등장하면서 "멋진 노랫소리가 들렸는데……."라고 하면서 〈멋진 그 노래〉를 부른다.
  - 도깨비 노래 후 바로 혹부리 영감님이 〈도깨비님〉 노래를 한다.
  - 노래가 끝난 후, 요란한 북소리와 함께 도깨비들이 혹을 떼어 신나게 퇴장한다.
  - 혹부리 영감님도 동시에 금덩이를 가지고 퇴장한다.
  - 1막이 끝나고 2막은 1막과 같은 방식으로 시도해 본다.

## 9차시 - 공연하기

교육적 목표

1) 극에 대한 순서를 이해하고 역할 표현에 대한 자부심을 갖는다.

2) 관객에게 선보임으로써 성취감과 자신감을 갖는다.

### 도 입

교사 : 우리 친구들과 함께 노래극을 완성해서 부모님을 모시고 무대에 극을 올리게 되었구나. 부모님을 유치원에 모실 때 '초대합니다' 라는 문구를 넣어 초대장을 만들면 좋겠구나. 내 역할을 설명해 드리고 초대장을 만들어 보자.



### 전 개

그동안 진행했던 노래극을 자신 있게 부모님께 보여 드린다.

### 마무리

교사 : 부모님들이 오셔서 우리들이 준비한 노래극을 보셨네! 손님들이 많이 오니 어땠니?

유아 : 떨렸어요, 기분 좋았어요, 조금 창피했어요.

교사 : 그래도 다 하고 나니, 기분이 좋지?

유아 : 네.

교사 : 그래, 부모님들이 우리 친구들이 하는 것을 보시고 무척 좋아하셨어. 다음에도 또 보여 드리자.

## 10차시 - 평가하기

교육적 목표
1) 동화의 흐름을 이해했는지 안다.
2) 각 역할에 대한 애착과 특징을 안다.
3) 글이나 그림으로 표상하도록 한다.

**도 입**

교사 : 「혹부리 영감님」 노래극을 모두 끝냈구나. 그동안 선생님 이야기를 잘 들어 주고 노래도 잘 불러 주어서 신나게 했던 것 같아. 그런데 무대에서 장난을 치거나 순서를 몰라 노래를 못했던 친구도 있었지? 그럴 때는 기분이 어땠을까?

유아 : 나빴어요.

**전 개**

교사 : 그래, 기분이 나빴지? 또 기분이 좋을 때도 있고.

교사 : 지금은 그동안 친구들이 좋았던 일, 나빴던 일, 화났던 일, 슬펐던 일, 신났던 일을 생각해 보면서 그림으로 그리거나 글로 써 보는 거야. 할 수 있겠니?

유아 : 네.

교사 : 그래, 그럼 팀별로 앉아서 해 보자.

그림이나 글로 표상 활동을 해 본다.

**마무리**

교사 : 친구들이 그림을 가지고 나와서 어떤 그림인지 설명해 보자. 재밌었던 일, 속상했던 일을 이야기하자.

친구들이 쓴 글이나 그림을 함께 보면서 서로에게 같게, 다르게 느낀 점에 대해 이야기하게 한다.

시나리오

## 1 막

- 다 같이 입장
- 다 같이 인사 : 일어서기-차렷-인사-자리에 앉기
- 다 같이 말하기 : 제목 혹부리 영감님
- 해설 등장(해설 음악에 맞추어 무대 앞으로 나와 마이크 앞에 선다)

**해 설** 옛날 어느 마을에 커다란 혹이 붙은 영감님이 살고 계셨어요. 하루는 산에 나무를 하러 갔다가 길을 잃고 말았어요. 어떻게 될지 한번 지켜보세요.

### 마음씨 좋은 혹부리 영감님

차은진 작사 · 작곡

해설 노래

- 해설 퇴장(퇴장 음악에 맞추어 무대 위 뒤편으로 들어간다)
- 혹부리 영감님1이 등장하여 〈나무를 하세〉 노래를 하고, 혹부리 영감님은 나무하는 흉내를 낸다.

## 나무를 하세

차은진 작사 · 작곡

마음씨 좋은 혹부리 영감님 노래

혹부리 영감님1 : 아니 벌써 날이 어두워졌네. 이를 어쩌지? 길을 잃었군…….

옳지, 저곳에서 하룻밤 자고 가야지.

⇨ 혹부리 영감님1은 한 바퀴를 돌고 도깨비 집으로 들어가면서 무대 한편에 서 있는다.

⇨ 해설이 등장하여 노래를 부른다.

## 아이고 무서워

차은진 작사 · 작곡

해설 노래

⇨ 해설 퇴장(퇴장 음악에 맞추어 무대 위 뒤편으로 들어간다)

혹부리 영감님1 : 좀 으스스하네. 이럴 땐 노래가 최고야. 노래를 해야지…….

## 날이 빨리 밝아서

차은진 작사 · 작곡

마음씨 좋은 혹부리 영감님 노래

- 혹부리 영감님1이 노래를 부른 후에 도깨비들이 북소리에 맞춰 등장한다.
- 도깨비가 등장하여 〈멋진 그 노래1〉을 부른다.

## 멋진 그 노래 1

차은진 작사 · 작곡

도깨비 노래

- 도깨비와 혹부리 영감님1 노래는 중간에 대사 없이 바로 이어지도록 한다.

## 도깨비님

차은진 작사 · 작곡

마음씨 좋은 혹부리 영감님 노래

## 멋진 그 노래 2

차은진 작사 · 작곡

도깨비 노래

혹부리 영감님1 : 제발 살려 주세요.

도깨비 : 그 혹을 내가 떼어 가고, 대신 보물을 줄게. 하나, 둘, 셋! (혹을 떼어 간다)

- 도깨비 신나게 퇴장
- 혹부리 영감님1 보물 가지고 신나게 퇴장
- 혹부리 영감님1이 퇴장한 후 다 같이 다음 노래 〈요렇게 된답니다1〉을 부르고 1막이 끝난다.

요렇게 된답니다 1

차은진 작사 · 작곡

다 같이 노래

다 같이 노래 후, 사인에 맞춰 해설이 나오면 2막이 시작된다.

## 2 막

해설 등장(등장 음악에 맞추어 무대 앞으로 나와 마이크 앞에 선다)

**해 설** 한편 이웃 마을의 심술쟁이 혹부리 영감님이 부자가 된 마음씨 좋은 혹부리 영감님의 소식을 듣고 샘이 났어요. 그래서 도깨비들을 만나러 산으로 갔답니다. 과연 혹도 떼고 부자가 될 수 있을까요?

## 심술쟁이 혹부리 영감님

차은진 작사 · 작곡

⇨ 해설 퇴장(퇴장 음악에 맞추어 무대 위 뒤편으로 들어간다)

⇨ 혹부리 영감님2가 등장하여 〈나무를 하세〉 노래를 부른다.

## 나무를 하세

차은진 작사 · 작곡

⇨ 혹부리 영감님2는 노래에 맞춰 나무하는 흉내를 낸다.

혹부리 영감님2 : 이제야 날이 어두워졌군. 도깨비가 산다는 집이 어디지?
옳지, 저기 불빛이 보이는구나. 그곳으로 가야지.

⇨ 혹부리 영감님2가 한 바퀴 돌고 도깨비 집으로 들어가면서 무대 한편에 서 있는다.

⇨ 해설이 등장하여 〈아이고 무서워〉 노래를 부른다.

## 아이고 무서워

차은진 작사 · 작곡

⇨ 해설 퇴장(퇴장 음악에 맞추어 무대 위 뒤편으로 들어간다)

혹부리 영감님2 : 자~ 도깨비들이 나오게 큰 소리로 노래를 불러 볼까?

## 혹을 빨리 떼어서

차은진 작사 · 작곡

⇨ 혹부리 영감님2가 노래를 부른 후에 도깨비들이 북소리에 맞춰 등장한다.

## 정말 그 노래

차은진 작사 · 작곡

도깨비와 혹부리 영감님2의 노래는 중간에 대사 없이 바로 이어 부르도록 한다.

## 여기 있소

차은진 작사 · 작곡

## 거짓말쟁이

차은진 작사 · 작곡

도깨비 노래

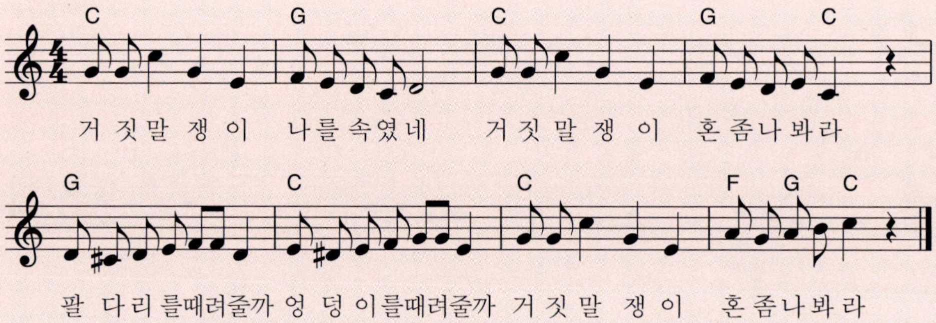


혹부리 영감님2 : 여기 혹이 있으니, 떼어 가시고 보물만 많이 주세요.

도깨비 : 거짓말쟁이! 내가 한 번 속지 두 번 속냐? 이 혹도 붙여 주고 실컷 때려 주마! 하나, 둘, 셋~ (혹을 붙이고 때려 준다).

- 도깨비 신나게 퇴장
- 혹부리 영감님2 울면서 퇴장
- 다 같이 다음 노래 〈요렇게 된답니다2〉를 부르고 2막이 끝난다.

# 요렇게 된답니다 2

차은진 작사 · 작곡

다 같이 노래

# 단위 활동 계획안

<table>
<tr><td>활동 제목</td><td colspan="3">혹부리 영감님</td></tr>
<tr><td>활동 유형</td><td colspan="3">동화 듣기</td></tr>
<tr><td>활동 목표</td><td colspan="3">•「혹부리 영감님」 동화에 관심을 갖고, 동화 속 등장인물과 동화 내용의 순서와 흐름에 대해 알아본다.<br>•「혹부리 영감님」 동화를 통해 '욕심'이 무엇인지 알고, 욕심을 절제하는 태도를 기른다.<br>• 동화를 바르게 즐겨 듣는 태도를 기른다.</td></tr>
<tr><td>준 비 물</td><td colspan="3">혹부리 영감님 테이블 동화 자료, 테이블 동화 자료를 놓을 책상</td></tr>
<tr><td>집단 형태</td><td>대집단</td><td>소요 시간</td><td>20분</td></tr>
<tr><td>활동 방법</td><td colspan="3">내 용</td></tr>
<tr><td>도 입</td><td colspan="3">• '도깨비' 수수께끼를 맞춰 본다.<br>• 도깨비가 나타나 「혹부리 영감님」 동화를 소개한다.</td></tr>
<tr><td>전 개</td><td colspan="3">• 교사가 들려주는 「혹부리 영감님」 테이블 동화를 듣는다.<br>• 동화 내용을 회상한다.<br>- 두 명의 혹부리 영감님이 있었는데, 둘은 너무 달랐어. 어떤 점이 달랐지?<br>- 마음 착한 혹부리 영감님이 동굴에서 누굴 만났지?<br>- 도깨비들은 마음 착한 혹부리 영감님에게 어떻게 했지?<br>- 욕심 많은 혹부리 영감님이 소식을 듣고 어떻게 했지?<br>- 도깨비들은 욕심 많은 혹부리 영감님에게 어떻게 행동했니?<br>- 결국 욕심 많은 혹부리 영감님과 마음 착한 혹부리 영감님은 어떻게 되었니?<br>• 동화 속 '욕심'의 의미에 대해 살펴본다.<br>- 왜 마음 착한 혹부리 영감님은 혹을 떼고, 욕심 많은 혹부리 영감님은 혹이 더 생겼을까?<br>- 만약에 욕심 많은 영감님이 욕심을 버리고 착한 마음을 가졌었다면 어떻게 되었을까?<br>- 어떤 것이 욕심일까?<br>- 유치원에서 사이좋게 나누어 쓰지 않고 계속 나 혼자만 놀잇감을 쓰려고 하는 것도 욕심일까?<br>- 유치원에서 생기는 욕심은 또 무엇이 있을까?</td></tr>
<tr><td>평 가</td><td colspan="3">• 내 마음속에 욕심이 생길 때 어떻게 하면 좋을지 이야기를 나눈다.<br>• 테이블 동화 자료를 어디에 놓고 어떻게 사용하면 좋을지 정한다.</td></tr>
</table>

| 활동 제목 | 나무를 하세 | | |
|---|---|---|---|
| 활동 유형 | 노래 배우기 | | |
| 활동 목표 | 교육적 목표 | • 나무를 베는 듯한 동작을 상상하며 부른다.<br>• 역할의 특징을 알고 함께 공감한다. | |
| | 음악적 목표 | • 8마디의 짧은 노래임을 안다.<br>• 당김음의 느낌을 살려서 불러 본다.<br>• up박으로 악기를 연주해 본다. | |
| 준 비 물 | 노래판, 종이 도끼, 나무, 트라이앵글 | | |
| 집단 형태 | 대집단, 소집단 | 소요 시간 | 20분 |
| 활동 방법 | 내 용 | | |
| 도 입 | • 나무를 보여 주며 나무를 자를 때 무엇이 필요할지 물어 본다.<br>- 도끼로 찍으면 나무가 잘라지겠지?<br>- 하나둘, 하나둘 리듬에 맞추어 찍으면 나무가 잘릴까? | | |
| 전 개 | • 노래판을 보여 주며 노랫말을 듣게 한다.<br>• 도끼로 나무를 찍으면서 부르는 노래를 듣는다. 당김음이 나올 때 악센트를 주어 유아들이 함께 리듬을 타도록 한다.<br>- 어? 아직도 나무가 잘라지지 않았네. 다시 한번 노래를 부르면서 나무를 잘라야겠구나.<br>- 나무를 자르는 행동에 공감이 없는 유아를 위해 옛날에는 땔감을 마련하기 위해 나무를 했다는 이야기로 상호 작용을 한다.<br>• 선생님이 이번에는 트라이앵글로 노래를 불러 본다.<br>• '나무를 하세' 라는 노랫말 부분만 유아들이 부르고 선생님이 나머지 부분을 불러 준다.<br>• 유아들과 서로 나누어 부르기를 한 번 더 반복하고 악기와 함께 연주하며 노래를 부른다.<br>• 다섯 번 정도 노래를 듣게 한 다음 유아들과 함께 노래를 불러 본다.<br>• 노래 부르기에 참여도가 낮으면 다른 악기(우드 블록, 탬버린)를 사용하여 참여할 수 있도록 유도한다.<br>• 유아들이 노래를 다 익혔을 경우에는 도끼를 메고 나무를 자르는 동작을 하며 불러 본다.<br>• 당김음이 나올 경우 악센트를 주어 강약을 살리며 자연스럽게 불러 본다. | | |
| 평 가 | • 어떤 노래를 배웠니?<br>• 누구의 역할이 되어 불러 보았니?<br>• 악기를 연주하며 부르는 것이 흥미로웠니? | | |

| 활동 제목 | 풍선으로 혹 만들기 | | |
|---|---|---|---|
| 활동 유형 | 미술 활동 | | |
| 활동 목표 | • 동화의 내용을 알고 혹을 만든다.<br>• 혹의 크기를 자율적으로 정해서 만들어 본다.<br>• 만드는 순서를 안다.<br>• 친구들과 협동심을 기른다.<br>• 손과 눈의 협응을 돕는다. | | |
| 준 비 물 | 풍선, 색종이, 풀, 양면 테이프 | | |
| 집단 형태 | 소집단-4, 5명의 유아와 교사 | 소요 시간 | 30분 |
| 활동 방법 | 내 용 | | |
| 도 입 | • 혹부리 영감님 그림을 보여 주며 생김새의 특징에 대해 이야기를 나눈다.<br>• 가장 눈에 띄는 혹을 보여 주며 혹을 만들 것이라고 알려 준다.<br>• 풍선을 불어 얼굴에 붙여 혹처럼 만들 수 있음을 알려 준다. | | |
| 전 개 | • 풍선으로 혹을 만들고 붙이는 과정을 보여 준다.<br>- 풍선 위에 색종이로 여러 가지를 붙이거나 싸인펜과 매직으로 그림을 그려 보자.<br>• 혹 만드는 과정을 설명한 다음 한 명씩 원하는 자리에 앉게 한다.<br>- 각각 원하는 풍선의 색을 선택하여 불어 보자.<br>- 풍선의 크기에 따라 혹의 크기가 결정되니 원하는 크기대로 풍선을 불어 보자.<br>- 풍선을 다 불은 친구들은 선생님이 매듭을 묶어 줄게.<br>• 유아들이 색종이를 오려 붙이기도 하고 스티커, 시티지 등을 붙여서 꾸며 본다.<br>- 풍선에 그림을 그리고 싶은 유아는 싸인펜으로 그려 보자.<br>• 다 완성한 유아는 얼굴에 풍선을 붙여 준다.<br>• 미술 활동이 끝나면 자리를 정돈하고 둥글게 앉아 다른 친구들이 만든 혹을 본다.<br>• 한 명씩 혹을 어떻게 만들었는지 설명해 본다. | | |
| 평 가 | • 혹부리 영감님의 혹 모양을 잘 살펴보았니?<br>• 풍선을 불어 혹으로 잘 꾸몄니?<br>• 친구들이 만든 혹과 내 것과 서로 비교해 다름을 알게 되었니? | | |

| 활동 제목 | 성대의 구조 | | |
|---|---|---|---|
| 활동 유형 | 과학 활동 | | |
| 활동 목표 | • 혹부리 영감님의 동화를 기억한다.<br>• 노래는 성대에서 나온다는 것에 관심을 가진다.<br>• 소리는 울림으로 들리는 것을 안다.<br>• 예쁘게 노래하는 태도를 가진다. | | |
| 준 비 물 | 동영상, 성대 구조 그림, 북과 쌀 | | |
| 집단 형태 | 소집단-4, 5명의 유아와 교사 | 소요 시간 | 30분 |
| 활동 방법 | 내 용 | | |
| 도 입 | • 친구들에게 작은북을 소개한다.<br>- 선생님이 작은북을 가지고 왔어. 북을 치는 방법은 두 개의 스틱을 이렇게 두드리면 된단다.<br>- 어떻게 소리가 나는 걸까? | | |
| 전 개 | • 북 위에 쌀을 올려놓는다.<br>• 북을 쳤을 때 쌀의 움직임을 보며 북이 울린다는 것을 설명한다.<br>- 북을 치면 쌀이 움직이지? 그건 북이 울려서 그런 거야.<br>• 소리는 울림을 통해 나온다는 것에 대해 이야기를 나눈다.<br>• 노래를 잘하는 성악가의 동영상을 보여 준다.<br>- 성악가가 노래를 잘하는 이유는 북처럼 우리 목의 성대를 울려 주기 때문이야.<br>- 성악가가 노래를 잘하는 이유는 많이 연습했기 때문이기도 해.<br>• 성대의 모습을 모형으로 보여 준다.<br>- 두 개의 성대에 공기가 들어가면 울리면서 소리가 나는 거야.<br>• 유아들이 직접 나와 모형을 움직여 본다.<br>• 다 함께 소리를 내면서 목(성대)을 만지며 울림을 확인한다.<br>- 크게 소리 지르거나 울면 성대가 상하고 심하면 고쳐지지 않아.<br>• 과학 영역에서 성대의 구조를 관찰하고 작은 소리로 말하기를 약속한다. | | |
| 평 가 | • 혹부리 영감님의 동화를 기억하니?<br>• 성대에서 노래가 나오는 이유를 알았니?<br>• 성대를 보호하기 위해 작은 소리로 말하기로 약속하자.<br>• 예쁘게 노래를 불렀니? | | |

# 참고문헌

교육과학기술부(2012). 누리과정 총론. 교육과학기술부 고시 제2012-16호.

김경숙(2000). 유아의 발달단계에 따른 노래지도 방법 연구. 부산대학교 대학원 석사학위논문.

김은영(2001). 초등음악교육에 있어서 음악극 적용방법에 관한 연구. 서울교육대학교 교육대학원 석사학위논문.

김은형(2008). 동화를 통한 노래극 활동이 유아의 언어능력 및 음악능력에 미치는 효과. 전남대학교 교육대학원 석사학위논문.

김창숙(2006). 노래극 활동을 통한 유아의 사회성 변화에 관한 연구. 경남대학교 교육대학원 석사학위논문.

박소영(2004). 동화를 이용한 비구조적 음악극이 유아의 창의성에 미치는 영향. 숙명여자대학교 음악치료대학원 석사학위논문.

박애자, 김현정(2007). 동화를 통한 가상놀이와 신체표현활동과 노래극활동이 유아의 언어능력에 미치는 효과 비교, 아동교육.

박혜진(2001). 노래극 활동을 통한 통합적 교육활동 경험이 유아의 자아개념, 조망수용능력 및 음악능력에 미치는 영향. 건국대학교 교육대학원 석사학위논문.

서동명(2005). 유아 음악극 활동이 유아의 정서지능 발달에 미치는 영향. 배재대학교 교육대학원 석사학위논문.

서인정(2002). 바그너의 음악극론. 음악과 민족, 24, 297-316.

송유정(2000). 음악극 창작활동을 통한 주체적 표현능력의 개발. 한국교원대학교 교육대학원 석사학위논문.

안재신(2004). 유아음악교육. 서울: 교육과학사.

유성옥(2001). 유아의 음악경험과 음악성 발달과의 관계연구. 원광대학교 교육대학원 석사학위논문.

이상금, 장영희(2001). 유아문학론. 서울: 교문사.

이여일(2005). 리듬을 이용한 신체표현활동이 유아의 음악적성과 창의성에 미치는 영향. 계명대학교 대학원 석사학위논문.

이정희(1999). 동화를 통한 노래극 활동이 초등학교 1학년 아동의 음악능력 및 언어능력에 미치는 효과. 전남대학교 교육대학원 석사학위논문.

이효숙(2001). 유아음악극 활동이 유아의 문식성, 음악적 능력 및 신체표현능력에 미치는 영향, 아동학회지.

장은주(2013). 개정판. 유아교육과 음악교육의 통합에 기초한 유아음악교육. 서울: 양서원.

차은진(2006). 비발디의 글로리아에 관한 연구. 총신대학교 일반대학원 교회음악과 석사학위논문.

차은진(2013). 동화를 중심으로 한 노래극 활동이 유아의 음악능력과 언어능력에 미치는 효과. 중앙대학교 교육대학원 석사학위논문.

Howarth, M.(1989). Rediscovering the power of fairy tales: They help children understand their lives. young Children, 44, 58-65.

Mason, J.(1986). Early reading from a developmental perspective. In P.D. Pearson(ed), handbook of reading research. New York: Long man.

Miller, S.(1984). Opera made elementary. Music Educators Journal, 71, 52-54.

Orff, C.(1963). The schulwerk: IT's origins and aims trance by arnold Walter. Music Educators Journal, 49.

Rossi, P. J.(1997). Having an experience multiple literacies through young children's opera. Language Arts, 75, 352-567.

Strittmatter, C.(1984). Opera in the making. Music Educators Journal, 50-51.

Turks, J. L.(1999). You say potato, I say potato: Implementation strategies used by teachers. Paper presented at the annual meeting of American Educational Research Association(Montreal, Quebec, Canada, April 19-23).

# Part 2

## 교육 과정을 통한 노래극 활동의 실제



1. 생활 주제에 따른 창작 동화
2. 이솝 동화
3. 전래 동화

# 1 생활 주제에 따른 창작 동화

## 날지 못하는 작은 새 (장애)

### 주제선정동기

과학의 발전과 더불어 의약도 날이 갈수록 발전하고 있지만 장애아, 희귀병은 꾸준히 늘고 있습니다. 생각보다 쉽게 주변에서 장애아를 만날 수 있는데, 이때 우리는 어떻게 함께 해야 할지 모릅니다.

이 동화는 태어나면서 장애를 가진 아기 새가 주변의 도움을 받으며 장애를 극복하고 따뜻한 가족의 품으로 돌아가는 이야기입니다. 짧은 날개를 퍼덕이면서 "날수 있어요."라고 외치는 아기 새의 모습은 희망적이고 도전적입니다. 어린 유아가 아기 새의 역할을 맡아 날개를 퍼덕이는 모습은 장애 체험보다 더욱 장애를 이해할 수 있는 기회라고 생각합니다.

장애통합교육이 보편화되어 있지만 장애아를 유아교육 기관에 영입하는 것은 그리 쉽지 않습니다. 장애아를 어떻게 다루는지도 모르고 장애아들이 사용할 수 있는 교구도 공간도 충분치 않다고 여겨집니다. 그러나 무엇보다 비장애아들이 장애아들을 바라보는 인식이 가장 어려운 과제입니다. 그래서 유아교육 기관에서는 장애 체험과 장애 수업을 진행합니다. 장애는 조금 불편한 것이고 비장애아들과는 조금 다른 것이라는 인식이 있어야 장애아와 함께 생활할 수 있으리라 여겨져 이를 주제로 선정하였습니다.

# 주제망 구성

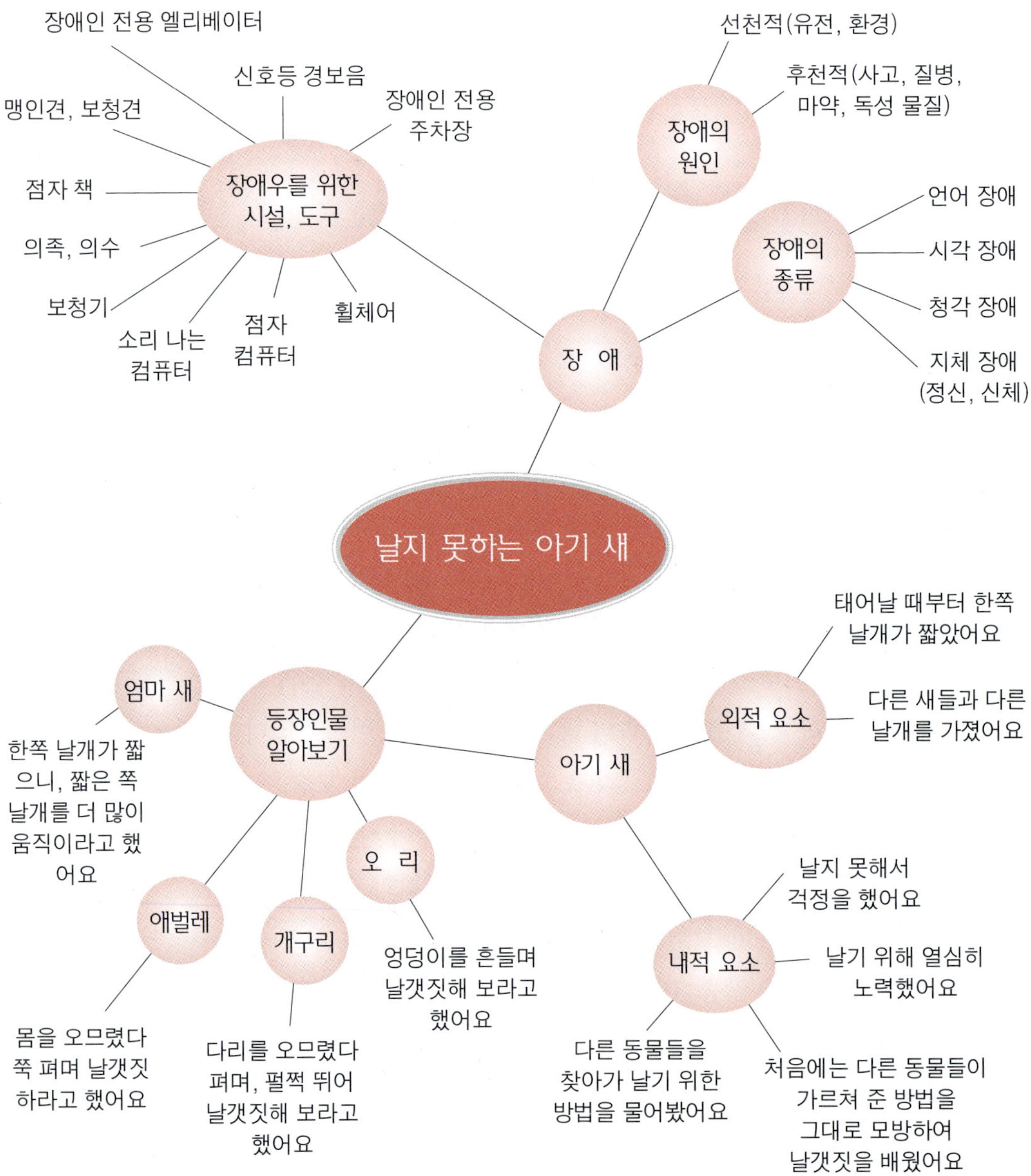
날지 못하는 아기 새
장 애
장애의 원인
선천적(유전, 환경)
후천적(사고, 질병, 마약, 독성 물질)
장애의 종류
언어 장애
시각 장애
청각 장애
지체 장애 (정신, 신체)
장애우를 위한 시설, 도구
장애인 전용 엘리베이터
신호등 경보음
장애인 전용 주차장
맹인견, 보청견
점자 책
의족, 의수
보청기
소리 나는 컴퓨터
점자 컴퓨터
휠체어
등장인물 알아보기
엄마 새
한쪽 날개가 짧으니, 짧은 쪽 날개를 더 많이 움직이라고 했어요
애벌레
몸을 오므렸다 쭉 펴며 날갯짓 하라고 했어요
개구리
다리를 오므렸다 펴며, 펄쩍 뛰어 날갯짓해 보라고 했어요
오 리
엉덩이를 흔들며 날갯짓해 보라고 했어요
아기 새
외적 요소
태어날 때부터 한쪽 날개가 짧았어요
다른 새들과 다른 날개를 가졌어요
내적 요소
날지 못해서 걱정을 했어요
날기 위해 열심히 노력했어요
다른 동물들을 찾아가 날기 위한 방법을 물어봤어요
처음에는 다른 동물들이 가르쳐 준 방법을 그대로 모방하여 날갯짓을 배웠어요

## 줄거리

옛날, 동물 마을에 귀여운 아기 새가 살고 있었어요. 그런데 아기 새에게는 한 가지 걱정거리가 있었어요. 아기 새는 태어날 때부터 한쪽 날개가 짧아 잘 날지 못했어요. 그래서 아기 새는 열심히 날기 연습을 하기로 했답니다. 하지만 아기 새는 계속 땅으로 떨어지기만 할 뿐이었어요. 아기 새는 친구 오리를 찾아가서 날 수 있는 방법을 물어보았어요.

오리는 "꽥꽥꽥, 엉덩이를 흔들면서 날갯짓해 봐."라고 알려 주었어요.

오리처럼 열심히 흉내 내며 '뒤뚱뒤뚱' 날개 연습을 해 보았지만 날 수 없었어요.

다음날 아기 새는 친구 개구리를 찾아가서 잘 날 수 있는 방법을 물어보았어요.

개구리는 "다리를 오므렸다가 위로 펄쩍 뛰어 봐."라고 이야기해 주었어요.

개구리처럼 열심히 흉내 내면서 '펄쩍펄쩍' 움직여 보았지만 역시 날 수 없었답니다.

실망한 아기 새는 다음날 친구 애벌레를 찾아가서 날 수 있는 방법을 물어보았어요.

애벌레는 "몸을 잔뜩 오므렸다가 쭉 펴 봐."라고 가르쳐 주었어요.

애벌레처럼 열심히 흉내 내면서 '꿈틀꿈틀' 움직여 보았지만 정말 날 수 없었어요.

아기 새는 너무나 속상해서 '주르르륵' 눈물을 흘렸어요. 불쌍한 아기 새는 기운 없이 집으로 돌아왔어요. 집에서는 엄마 새가 아기 새를 기다리고 있었어요. 엄마 새는 아기 새의 짧은 날개가 힘을 갖기 위해서는 힘껏 많이 움직여야 된다는 것을 알고 있었어요. 아기 새는  한쪽 날개가 짧게 태어났지만 용기를 냈어요. 힘들었지만 엄마 새가 가르쳐 준 대로 열심히 날개 연습을 했어요. 아기 새가 힘껏 날갯짓을 하자 점점 하늘 높이 날 수 있게 되었어요. 이제 아기 새는 푸르른 하늘을 향해 멋진 날개를 활짝 펴고 행복한 세상으로 날아오를 수 있게 되었답니다.

## 시나리오

➩ 다 같이 입장

➩ 다 같이 인사 : 일어서기-차렷-인사-자리에 앉기

➩ 다 같이 말하기 : 제목 날지 못하는 아기 새

➩ 해설 등장(등장 음악에 맞추어 무대 앞으로 나와 마이크 앞에 선다)

**해 설** 옛날, 동물 마을에 귀여운 아기 새가 살고 있었습니다. 그런데 아기 새에게는 한 가지 걱정거리가 있었어요. 태어날 때부터 한쪽 날개가 짧아 잘 날지 못하는 것이었어요. 그래서 아기 새는 날기 연습을 하기로 했답니다.

➩ 해설 퇴장(퇴장 음악에 맞추어 무대 위 뒤편으로 들어간다)

➩ 아기 새 등장(등장 음악에 맞추어 입장한다)

아기 새 : 자! 숨을 쉬고 날개를 펴고 날아 봐야지. ('쾅당' 넘어진다)
아이~ 아파라. 난 날 수가 없어. 내 친구 오리를 찾아가서 물어봐야지. (아기 새는 무대 한쪽에 서 있는다)

➩ 오리 등장(등장 음악에 맞추어 입장한다)

아기 새 : 오리야, 어떻게 하면 날 수 있니?

오리 : 아기 새야, 나처럼 해 봐. (엉덩이를 흔들면서 날갯짓을한다)

### 날갯짓해 봐

차은진 작사 · 작곡

➩ 〈날갯짓해 봐〉 2번째 반복 시 아기 새도 노래와 율동을 따라하고, 뒤에 앉은 유아들은 노래만 함께 부른다.

아기 새 : (쿵 넘어지며) 나는 안 돼. 너처럼 할 수 없어.

⇨ 오리 퇴장(퇴장 음악에 맞추어 무대 위 뒤편으로 들어간다)

⇨ 개구리 등장(등장 음악에 맞추어 입장한다)

아기 새 : 개구리야, 어떻게 하면 날 수 있니?

개구리 : 아기 새야, 나처럼 해 봐!

### 펄쩍 뛰어 봐

차은진 작사 · 작곡

개구리 노래

⇨ 〈펄쩍 뛰어 봐〉 2번째 반복 시 아기 새도 노래와 율동을 따라하고 뒤에 앉은 유아들은 노래만 함께 부른다.

아기 새 : 다리가 너무 아파. 나는 날 수 없어.

⇨ 개구리 퇴장(퇴장 음악에 맞추어 무대 위 뒤편으로 들어간다)

⇨ 애벌레 등장(등장 음악에 맞추어 입장한다)

아기 새 : 애벌레야. 어떻게 하면 날 수 있니?

애벌레 : 아기 새야, 나처럼 해 봐!

### 쭉 펴 봐

차은진 작사 · 작곡

애벌레 노래

⇨ 〈쭉 펴 봐〉 2번째 반복 시 아기 새도 노래와 율동을 따라하고, 뒤에 앉은 유아들은 노래만 함께 부른다.

아기 새 : 나는 절대 날 수가 없어. 집으로 돌아가서 엄마에게 물어봐야지.

⇨ 아기 새 퇴장(퇴장 음악에 맞추어 무대 위 뒤편으로 들어간다)

⇨ 해설 등장(해설 음악에 맞추어 무대 앞으로 나와 마이크 앞에 선다)

**해설** 불쌍한 아기 새는 기운 없이 집으로 돌아왔어요. 집에서는 엄마 새가 아기 새를 기다리고 있었답니다. 엄마 새는 아기 새의 짧은 날개가 힘을 갖기 위해서는 힘껏 많이 움직여야 된다는 것을 알고 있었답니다.

⇨ 엄마 새, 아기 새 등장(등장 음악에 맞추어 입장한다)

아기 새 : 아, 어떻게 하면 날 수 있을까? 한 번만 날아 봤으면 좋겠어요.

엄마 새 : 아가야, 너는 한쪽 날개가 짧으니, 힘껏 움직여야 한단다.
엄마처럼 짧게, 길게 날갯짓해 보렴.

### 짧게 길게

차은진 작사 · 작곡

아기 새 : 야! 난다. 내가 마침내 날고 있어요.

⇨ 엄마 새와 아기 새가 서로 주고받는 형식으로 한 소절씩 노래를 부르며 율동을 한다.

⇨ 엄마 새, 아기 새 퇴장(퇴장 음악에 맞추어 무대 위 뒤편으로 들어간다)

⇨ 해설 등장(무대에 오른 모든 유아들이 다 같이 해설 부분을 이야기한다)

**해 설** 아기 새는 한쪽 날개가 짧게 태어났지만 용기를 냈어요. 엄마 새가 가르쳐 준 대로 열심히 날개 연습을 했어요. 아기 새가 힘껏 날갯짓을 하자 점점 하늘 높이 날 수 있게 되었어요. 이제 아기 새는 자유롭게 날아오를 수 있어서 행복했답니다.

⇨ 다 같이 인사 : 일어서기-차렷-인사

⇨ 다 같이 퇴장(퇴장 음악에 맞추어 무대 뒤로 들어간다)

## 단위 활동 계획안

| 활동 제목 | 시각 장애인 도와주기 |
|---|---|
| 활동 유형 | 게임 활동 |
| 활동 목표 | • 여러 가지 감각 기관을 협응하여 활용해 본다.<br>• 협동하여 다른 사람을 도와주는 마음을 갖는다. |
| 준 비 물 | 막대 2개(30cm), 목적물(뿅뿅이 풍선), 눈가리개 2개 |
| 활동 방법 | 내 용 |
| 도 입 | • 문제 제기를 한다.<br>• 동화를 들려 준다(시각 장애우가 시장에 물건을 사러 가려고 한다. 그런데 처음 혼자 시장에 가기 때문에 걱정을 많이 했다는 내용).<br>- 왜 걱정을 했을까?<br>- 혼자 가려면 어려운 점이 있을까? 어떤 점이 어려울까?<br>- 우리가 도와주면 좋을까?<br>- 정말 우리가 생각하는 것처럼 시각 장애우가 어려움을 가졌을까?<br>- 우리도 직접 체험해 보면 어떨까?<br>- 어떻게 체험해 볼 수 있을까?<br>- 시각 장애인처럼 안 보이게 하려면 어떻게 해야 할까?<br>• 게임을 하기로 한다. |
| 전 개 | • 두 편으로 나누어서 앉는다.<br>• 준비물을 보고 게임의 내용과 방법을 예측해 본다.<br>• 유아들의 생각을 정리하여 게임 방법을 이야기한다.<br>- 두 명이 한 조가 되는 거야.<br>- 한 명의 유아는 눈가리개로 눈을 가리고, 다른 유아는 박수를 치며 유아를 인도하면 돼. 눈가리개 하는 유아와 인도하는 유아는 가위, 바위, 보로 정하자.<br>- 목적물을 돌 때는 박수 치는 유아가 눈을 가린 유아의 손을 잡아 주어 안전하게 돌 수 있도록 하자.<br>• 유아들과 게임에 필요한 규칙을 정하고 태도에 대해 이야기한다.<br>- 다른 유아들은 자기 자리에 앉아서 응원을 하면 돼(잘해라, ○○편).<br>- 단, 목적물을 돌 때만 인도하는 유아가 손을 잡아 주도록 하자. |
| 평 가 | • 게임이 끝난 후 유아들과 함께 게임에 대한 평가를 한다.<br>- 시각 장애인 역할을 맡은 친구는 어떤 점이 어려웠니?<br>- 인도해 주는 친구는 어떤 점이 어려웠니?<br>- 우리는 잠깐 게임 때문에 눈을 가렸지만, 태어나면서부터 죽을 때까지 아무것도 볼 수 없는 사람들은 어떨까? |

| 활동 제목 | 장애에 대한 이전 경험 및 생각 모으기 |
| --- | --- |
| 활동 유형 | 이야기 나누기 |
| 활동 목표 | 자신의 생각을 글과 그림으로 표현할 수 있다. |
| 준 비 물 | 연필, 종이, 지우개 |
| 활동 방법 | 내 용 |
| 도 입 | • 주말 과제물(가족의 생각 모으기-장애란 무엇일까요?)을 발표한다.<br>- 가족의 생각 모으기를 해 보았니?<br>- 엄마, 아빠는 장애를 어떻게 생각하셨니? |
| 전 개 | • 장애에 대한 이전 경험을 이야기한다.<br>- 장애우를 본 적이 있니?<br>- 어디서 보았니?<br>- 어떤 사람을 장애우라고 할까?<br>- 장애우는 어떤 모습이었니?<br>- 장애우가 특별히 사용하는 물건이 있을까?<br>• 장애에 대한 자신의 생각이나 느낌, 그림을 종이에 적거나 그린다.<br>- (소그룹으로) 자신의 생각을 종이에 나타내 보자.<br>• 유아들의 생각을 적은 종이를 가지고 대그룹으로 모인다.<br>• 유아들이 적은 내용을 같은 의미에 따라 친구 찾기를 하여 공통의 이름을 정해 표로 나타낸다.<br>- 목이 아픈 사람, 다리가 아픈 사람, 팔이 아픈 사람은 어떤 공통의 이름을 지어 주면 좋을까? (신체 장애)<br>- 휠체어, 목발, 지팡이는 어떤 공통의 이름을 지어 주면 좋을까? (장애우가 사용하는 도구)<br>- 장애에 대한 공통 주제로는 또 어떤 것이 있을까? (장애우를 도와주는 시설 등) |
| 평 가 | • 장애에 대한 생각 모으기 내용과 그 이외의 의견에 대해 이야기한다.<br>- 신체 장애에는 어떤 내용이 있니?<br>- 이외에 또 다른 생각이 있니? |

| 활동 제목 | 점자로 읽는 1~10까지의 숫자 |
|---|---|
| 활동 유형 | 수 교구 활동 |
| 활동 목표 | • 점자로 숫자를 1~10까지 읽어 볼 수 있다.<br>• 시각 장애우를 위한 글로 점자를 사용한다는 것을 안다. |
| 준 비 물 | 교구 - 점자로 읽는 1~10까지의 숫자 |
| 활동 방법 | 내 용 |
| 도 입 | • 눈이 보이지 않는 사람들은 어떻게 글을 읽을 수 있는지 이야기해 본다.<br>• 점자로 된 책을 제시해 준다.<br>- 이것이 무엇일까?<br>- 글자를 만지면 어떤 내용인지 알 수 있을까?<br>- 누가 나와서 만져 볼까? |
| 전 개 | • 유아 중 한 명이 나와서 만져 본 후 내용을 알 수 있는지 알아본다.<br>- 손으로 만져 보니까 알 수 있었니?<br>- 손으로 만져서는 어떤 내용인지 알 수 없어. 하지만 앞이 보이지 않는 시각 장애우는 이렇게 만져 보고 글자를 읽을 수 있지. 서로 약속해서 만든 거야. 이것이 바로 점자란다.<br>- 이렇게 점을 찍어서 손으로 만질 수 있도록 만든 글자가 점자라는 거야. 그래서 친구들이 점자를 배워 볼 수 있도록 교구를 만들어 왔어. 여기 점자를 만져 보고 친구들이 숫자로 무엇일까 맞혀 보는 거야. 먼저 점자로 1~10까지 어떤 모양인지 같이 알아볼까?<br>• 점자로 숫자 1~10까지 알아보고 손으로 만져 본다. |
| 평 가 | • 점자를 손으로 만져 보니까 어때?<br>• 조금 어렵지만 배워 보면 쉬워질 거야. 시간이 날 때마다 친구와 함께 익혀보도록 하자. |

| 활동 제목 | 휠체어 관찰하기 |
|---|---|
| 활동 유형 | 과학 활동 |
| 활동 목표 | • 휠체어의 모양과 각 부위의 명칭을 알 수 있다.<br>• 휠체어를 사용하는 방법에 대해 알아본다. |
| 준 비 물 | 휠체어 |
| 활동 방법 | 내 용 |
| 도 입 | • 휠체어를 보여 준다.<br>- 오늘은 휠체어를 직접 관찰하는 시간을 가질 거야.<br>- 다리가 아파서 걷지 못하거나 몸이 불편해서 움직이지 못하는 사람들은 밖에 나가려면 무엇이 필요하다고 했지? |
| 전 개 | • 휠체어의 각 부분을 살펴보고 이름을 알아본다.<br>- 먼저 어떻게 생겼는지 살펴볼까? 어떤 모습이니?<br>- 그런데 휠체어는 각 부분마다 이름이 있대요. 하나씩 살펴보면서 이름을 알아보자.<br>- 시트, 발받이, 손잡이, 등받이, 측받이, 브레이크, 핸드링, 뒷바퀴, 앞바퀴, 요크, 발판, 발걸이 띠 등을 살펴본다. |
| 평 가 | • 선생님이 휠체어의 각 부분에 이름을 적어서 붙여 줄게. 이름이 조금 어렵지? 친구들과 놀이 시간에 와서 한 번씩 읽어 보자. |

| 활동 제목 | 발가락으로 그린 그림 |
|---|---|
| 활동 유형 | 미술 활동 |
| 활동 목표 | • 신체의 일부를 사용하여 그림을 그릴 수 있다.<br>• 신체가 뜻대로 움직이지 않음을 통해 장애우의 마음을 느낀다. |
| 준 비 물 | 붓, 물감, 종이 |
| 활동 방법 | 내 용 |
| 도 입 | • 신체의 부분 중에 그림을 그릴 때 사용하는 부분에 대해 이야기한다.<br>- 그림을 그려 본 적이 있니?<br>- 그림을 그릴 때 우리 몸 중 어디를 많이 사용하지?<br>- 손이 불편한 사람이 그림을 그리고 싶을 때는 어떻게 할 수 있을까?<br>• 다른 신체 부분으로 그림을 그리기로 한다.<br>- 오늘은 손이 아닌 발로 그림을 그려 보도록 하자. |
| 전 개 | • 발로 그림을 그리기 위해 필요한 도구를 살펴본다.<br>- 발로 그림을 그리려면 어떤 도구를 사용하는 것이 쉽게 그림을 그릴 수 있을까?<br>- 크레파스, 색연필, 물감 등 어떤 도구를 사용하면 좋을까?<br>- 물감을 사용할 때는 어떤 도구들이 필요할까?<br>• 그림의 주제를 정한다.<br>- 무엇을 그리고 싶니?<br>- 장애우에게 주고 싶은 것은 무엇이니?<br>- 그 그림을 그리기 위해서는 무슨 색깔이 필요할까?<br>- 너희들이 할 수 있는 부분은 어떤 것이지?<br>- 선생님은 무엇을 도와주면 좋을까?<br>• 그림을 그린다.<br>• 교사가 유아가 원하는 색상을 붓에 묻혀 발가락 사이에 붓을 쥐어 주면 유아가 그림을 그린다(연령에 따라 색깔을 바꾸는 것도 해 본다). |
| 평 가 | • 그림을 감상하며 평소와 달랐던 점과 손이 아닌 발로 해서 불편했던 점에 대해 이야기를 나눈다.<br>- 발을 사용하여 그림을 그리니 어떤 생각이 들었니?<br>- 느낌은 어땠니?<br>- 왜 그런 생각(느낌)을 갖게 되었니?<br>- 손으로 그렸을 때와 무엇이 다르다고 생각되었니?<br>- 발이 우리가 생각한 대로 그림을 그려 주지 않았을 때 어떤 생각이 들었니? |

| 활동 제목 | 석고 붕대를 감아요 |
|---|---|
| 활동 유형 | 과학 체험 활동 |
| 활동 목표 | • 물체의 변화에 관심을 가진다.<br>• 신체의 일부가 움직이지 않는 경험을 통해 장애우의 불편함을 느낄 수 있다. |
| 준 비 물 | 석고 붕대, 물 |
| 활동 방법 | 내 용 |
| 도 입 | • 사진을 보며 장애 중에 여러 가지 신체 장애에 대해 이야기한다.<br>- 어떤 사람은 몸 중에서 눈이 불편한 사람도 있고, 귀가 잘 안들리는 사람도 있어.<br>- 교통사고로 다리를 다쳐서 전혀 사용하지 못하는 경우도 있어. |
| 전 개 | • 우리 몸 중에 일부를 사용하지 않기로 제안한다.<br>- 오늘은 장애우의 마음을 느껴 보기 위해 우리 신체의 일부분을 사용하지 않기로 하자.<br>- 우리가 가장 많이 사용하는 신체 부분은 어디일까?<br>• 석고 붕대에 대해 설명한다.<br>- 석고 붕대는 물에 젖기 전에는 천과 같지만, 물에 젖었다가 마르면 딱딱한 돌과 같이 되어 뼈가 부러져서 움직이면 안 되는 사람에게 도움을 주지.<br>• 손가락에 물에 적신 석고 붕대를 감아 준다.<br>• 손가락에 감은 석고 붕대를 말린다.<br>- 석고 붕대가 마르기 전에 손가락을 움직이면 어떻게 될까?<br>- 붕대가 마른 것을 어떻게 알 수 있을까?<br>- 왜 물에 젖었다가 마르면서 바뀌게 되는 것일까?<br>• 일상 활동을 진행한다. |
| 평 가 | • 석고 붕대를 했을 때의 느낌과 불편함을 이야기한다.<br>- 석고 붕대를 하니 무엇이 평소와 달랐니?<br>- 어떤 점에서 가장 불편했니?<br>- 선생님이 보니 우리 친구들이 다른 때보다 식사를 할 때 밥을 많이 흘리는 것 같았어. 왜 밥을 많이 흘리게 되었니?<br>• 우리가 몸이 불편한 친구에게 해 줄 수 있는 부분에 대해 이야기를 나눈다.<br>- 우리의 몸이 불편하니 다른 친구가 어떤 점을 도와주었으면 좋겠다는 생각이 들었니?<br>- 그렇게 몸이 불편한 친구에게 무엇을 해 줄 수 있을까? |

# 토토의 꿈 속 여행 (환경)

## 주제선정동기



우리의 생활과 밀접해 있으면서도 그것의 소중함을 크게 느끼지 못하여 고마움을 느끼다가도 때로는 아무렇지도 않게 훼손시키는 것이 자연이 아닌가 합니다. 「토토의 꿈 속 여행」은 토토가 일상에서 쉽게 버리고 훼손시키는 것들이 자연에게 얼마나 큰 피해를 주는지 알려 주는 이야기입니다. 본 이야기를 통해 일상생활에서 이루어지는 자연 훼손에 대해 유아가 인식하게 되고, 이에 대한 경각심을 가지게 됩니다. 환경에 대한 이해도를 높이고 자연 훼손에 대한 문제 의식을 갖는 것에 큰 교육적 가치를 두어 이를 주제로 선정하게 되었습니다.

## 주제망 구성

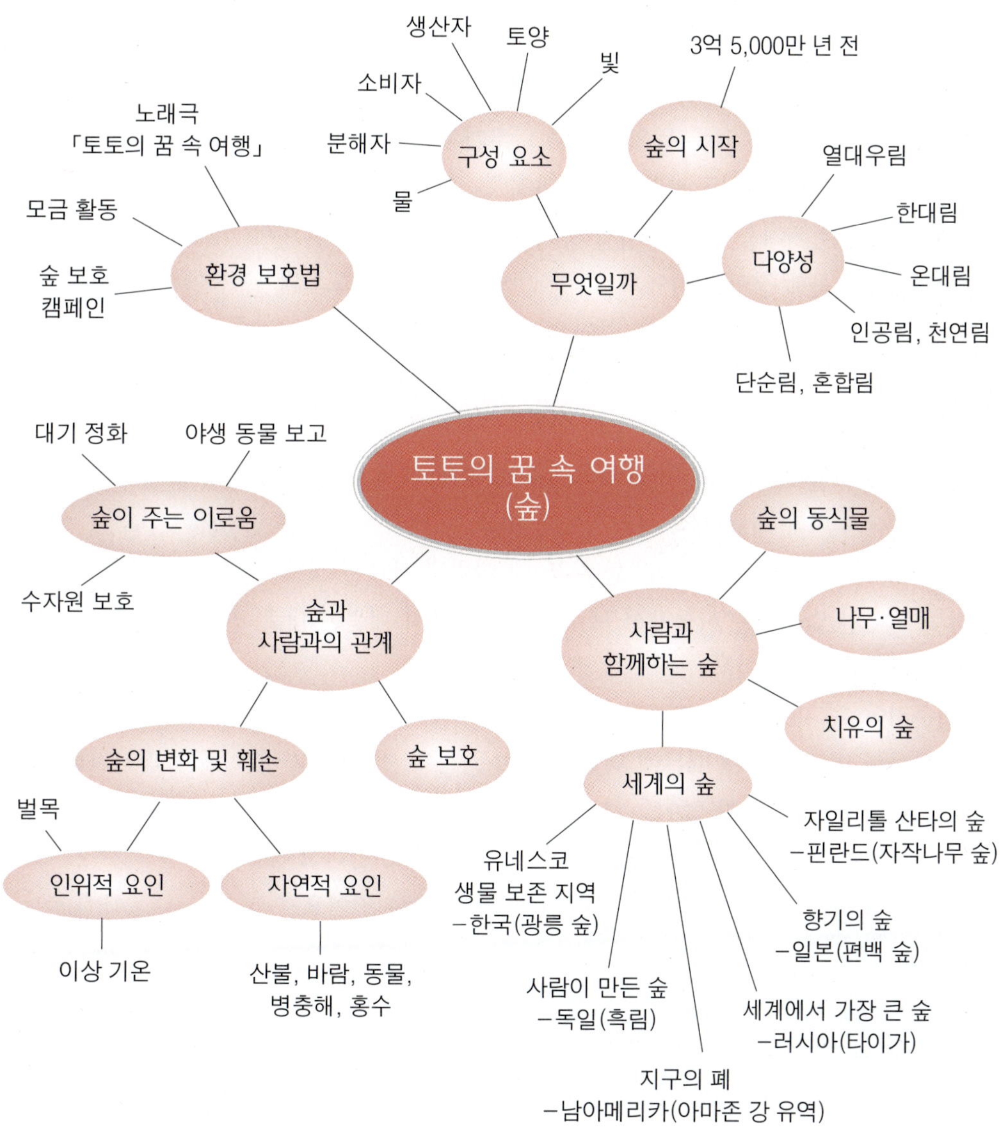

토토의 꿈 속 여행 (숲)
무엇일까
구성 요소
생산자
토양
빛
소비자
분해자
물
숲의 시작
3억 5,000만 년 전
다양성
열대우림
한대림
온대림
인공림, 천연림
단순림, 혼합림
환경 보호법
노래극 「토토의 꿈 속 여행」
모금 활동
숲 보호 캠페인
숲이 주는 이로움
대기 정화
야생 동물 보고
수자원 보호
숲과 사람과의 관계
숲의 변화 및 훼손
인위적 요인
벌목
이상 기온
자연적 요인
산불, 바람, 동물, 병충해, 홍수
숲 보호
사람과 함께하는 숲
숲의 동식물
나무·열매
치유의 숲
세계의 숲
자일리톨 산타의 숲 –핀란드(자작나무 숲)
향기의 숲 –일본(편백 숲)
세계에서 가장 큰 숲 –러시아(타이가)
지구의 폐 –남아메리카(아마존 강 유역)
사람이 만든 숲 –독일(흑림)
유네스코 생물 보존 지역 –한국(광릉 숲)

## 줄거리

오늘은 아기 공룡 토토가 소풍을 가는 날이에요. 토토는 설레는 마음으로 아침 일찍 일어났어요.

"야! 신나는 소풍날이다. 엄마 소풍 다녀올게요."

토토는 지저귀는 새소리를 들으며 초록 나무가 가득한 푸른 숲에 도착했어요.

"아, 배고파. 김밥도 먹고 과자도 먹어야지."

토토는 김밥과 과자를 먹고는 김밥 봉지며 과자 봉지를 아무 곳에 버리고는 쏟아지는 졸음을 참지 못해 잠이 들었어요. 그런데 잠에서 깨어난 토토의 몸이 이상했어요.

"어? 내 몸이 이상해. 나무가 되었어. 그런데 움직일 수가 없어. 너 때문에 답답해 죽겠어."

나무가 된 토토는 자신의 몸을 덮고 있는 과자 봉지에게 말했어요.

"사람들이 머물다 가면 꼭 이렇게 쓰레기가 쌓여. 나도 이곳에 있고 싶지 않아."

그때 갑자기 비가 내렸어요. 목이 말랐던 토토는 내리는 빗물을 먹었어요.

"윽, 퉤! 퉤! 물맛이 왜 이러지? 몸은 또 왜 이렇게 가려운 거야?"

비를 내리던 먹구름은 하늘에서 내려오다 공장에서 내뿜는 나쁜 먼지들로 인해 산성비가 되었다고 말했어요.

"개구리야, 넌 다리가 왜 그래?"

"사람들이 버린 쓰레기 때문에 더러워진 연못 물을 먹어서 그래. 이렇게 더러워진 물에서는 더 이상 살 수가 없어."

나무 토토가 만난 개구리는 다리가 없어 펄쩍 뛸 수도 없다고 해요.

토토는 자신도 병들어 죽을지 모른다는 생각에 무서워졌어요.

"싫어. 싫어."

그때 토토를 부르는 엄마의 목소리가 들렸어요.

"토토야, 소풍 늦겠다. 어서 일어나야지."

잠에서 깬 토토는 이 모든 것이 꿈이라는 것을 알았어요. 자신이 버린 쓰레기가 나무며, 비, 개구리 등 숲속의 생물들을 괴롭혔다는 것을 알게 된 토토는 쓰레기를 줍기 위해 엄마와 함께 산으로 갔답니다.

## 시나리오

- 다 같이 입장
- 다 같이 인사 : 일어서기-차렷-인사-자리에 앉기
- 다 같이 말하기 : 제목 토토의 꿈 속 여행

# 1 막

- 해설 등장

**해 설** 오늘은 아기 공룡 토토가 소풍을 가는 날이에요. 그래서 토토는 설레는 마음으로 아침 일찍 일어났어요.

- 해설 퇴장
- 토토, 엄마 등장

토토 : 야! 신나는 소풍날이다! 엄마 소풍 다녀올게요!

엄마 : 토토야, 김밥 가져가야지.

토토 : 아참! 맛있게 먹을게요. 엄마 다녀오겠습니다.

엄마 : 그래, 선생님 말씀 잘 듣고 친구들과 재밌게 놀다 오렴. 조심히 다녀와.

## 이렇게 좋은 날

차은진 작사 · 작곡

엄마, 토토 노래

토토 : 아~ 배고파. 김밥도 먹고 과자도 먹어야지.

(과자 봉지를 보며) 이건? 모르겠다. 여기다 버려야지. 휙!

(하품하며) 하~아 피곤해. 조금만 자야지.

# 2 막

➩ 토토 퇴장하고 나무 토토 등장

나무 토토 : 아~잘잤다. 어? 내 몸이 왜 이러지?
내가 나무가 되었잖아?

## 나는 나무야

차은진 작사 · 작곡

➩ 과자 봉지 등장

나무 토토 : 넌 누구니?

과자 봉지 : 난 과자 봉지야.

나무 토토 : 너 때문에 답답해 죽겠어 좀 비켜 줄래?

과자 봉지 : 사람들이 과자를 먹고 나를 아무 데나 버려. 난 100년 동안 썩지도 않아.
나도 이곳에 있고 싶지 않아.

## 버렸네

차은진 작사 · 작곡

과자 봉지 노래

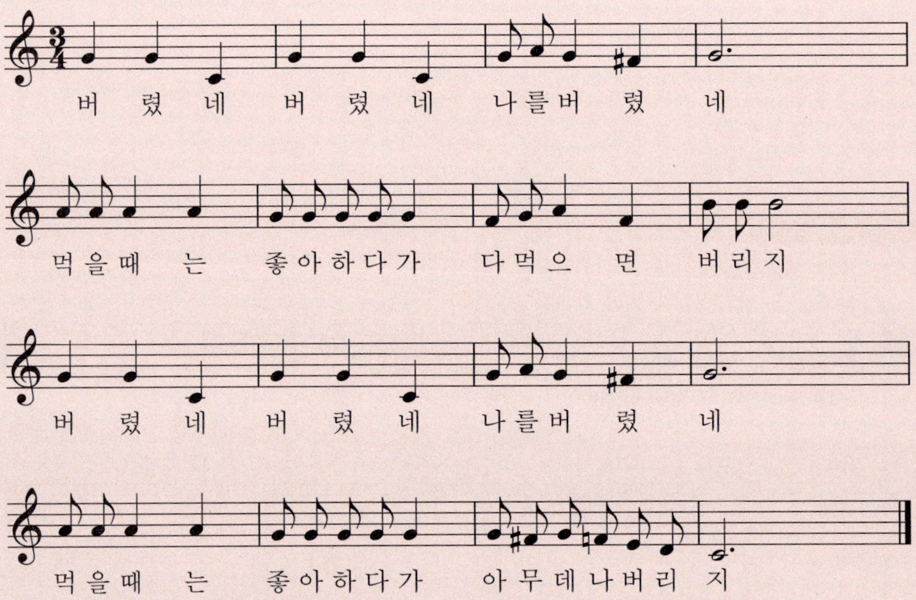


과자 봉지 퇴장, 먹구름 등장

## 비를 내리자

차은진 작사 · 작곡

먹구름 노래

나무 토토 : 어? 비가 오네. 목말랐는데 잘 됐다. 먹어야지.

퉤, 퉤! 윽, 맛이 왜 이러지?

먹구름 : 나도 몰라 비가 내려오면서 나쁜 먼지를 만나 산성비가 되었어.

나무 토토 : 어, 왜 이러지? 몸이 가려워.

➾ **먹구름 퇴장, 개구리 등장**

## 펄쩍 뛰고 싶어

차은진 작사 · 작곡

나무 토토 : 개구리야, 넌 다리가 왜 그래?

개구리 : 사람들이 버린 쓰레기 때문에 연못 물이 더러워졌어. 그 물을 먹어서 그래.

이렇게 더러워진 물에서는 더 이상 살 수가 없어.

나무토토 : 나도 병들어 죽겠구나. 싫어, 싫어!

➾ **개구리 퇴장, 나무 토토 퇴장**

➾ **엄마 등장, 토토 등장**

엄마 : 소풍가는 날인데 우리 토토가 늦잠을 자네.

토토야, 소풍 늦겠다. 어서 일어나야지.

토토 : 꿈이었구나! 내가 버린 쓰레기가 모두를 괴롭혔구나.

빨리 산으로 가서 쓰레기를 주워야겠어.

➾ **토토 퇴장, 해설 등장**

**해 설** 토토가 버린 쓰레기 때문에 숲속 친구들이 병이 든 사실을 알게 된 토토는 엄마와 함께 쓰레기를 줍기 위해 산으로 갔답니다.

## 단위 활동 계획안

| 활동 제목 | 토토의 꿈 속 여행 | | |
|---|---|---|---|
| 활동 유형 | 동화 듣기 | | |
| 활동 목표 | •「토토의 꿈 속 여행」 동화에 관심을 갖고, 내용과 순서에 대해 알아본다.<br>•「토토의 꿈 속 여행」을 통해 자연의 소중함을 알고, 자연을 보호하는 태도를 갖는다.<br>• 동화를 바르게 즐겨 듣는 태도를 갖는다. | | |
| 준 비 물 | 「토토의 꿈속 여행」 그림책, 쓰레기가 버려진 자연 사진 | | |
| 집단 형태 | 대집단 | 소요 시간 | 20분 |
| 활동 방법 | 내 용 | | |
| 도 입 | • '나무'의 부분을 보고 전체 맞추기를 한다.<br>• 그림책 표지를 보여 주며, 어떤 내용일지 예측해 본다. | | |
| 전 개 | • 교사가 들려주는 「토토의 꿈속 여행」 동화를 듣는다.<br>• 동화 내용을 회상한다.<br>- 토토가 처음에 공원에서 어떻게 행동했었니?<br>- 토토가 무슨 꿈을 꾸었지?<br>- 너희들이 쓰레기가 많은 곳의 나무들이라면 어떨 것 같니?<br>- 꿈을 꾼 후 토토가 어떻게 행동했지?<br>- 쓰레기가 없는 공원의 나무들은 어떤 기분일까?<br>• 만약 토토가 이런 꿈을 꾸지 않고, 쓰레기를 아무렇지 않게 계속 버렸다면 어떻게 되었을지 말해 본다.<br>• 쓰레기가 많이 버려진 실제 자연의 모습을 사진으로 살펴본다.<br>- 이렇게 쓰레기가 많으면 나무와 꽃들이 건강하게 잘 살 수 있을까?<br>- 나무들과 꽃들이 모두 시들어버리면 어떻게 될까?<br>- 쓰레기가 많은 이곳을 우리가 지나다니거나 사용할 수 있을까? | | |
| 평 가 | • 우리가 꽃과 나무를 위해 할 수 있는 것들에 대해 말해 볼까?<br>• 그림책을 어디에 놓을지 정해 보자. | | |

<table>
<tr><td>활동 제목</td><td colspan="3">자연을 지키자</td></tr>
<tr><td>활동 유형</td><td colspan="3">자연 보호 활동</td></tr>
<tr><td>활동 목표</td><td colspan="3">• 자연의 소중함을 알고, 자연을 보호하는 태도를 갖는다.<br>• 쓰레기 줍기 캠페인에 참여하며, 시민 의식을 갖는다.</td></tr>
<tr><td>준 비 물</td><td colspan="3">환경 오염 관련 뉴스 영상, TV, 쓰레기 봉투, 비닐장갑, 확성기, 피켓, 카메라</td></tr>
<tr><td>집단 형태</td><td>대집단</td><td>소요 시간</td><td>20분</td></tr>
<tr><td>활동 방법</td><td colspan="3">내 용</td></tr>
<tr><td>도 입</td><td colspan="3">• 환경 오염 관련 뉴스 영상을 시청한다.<br>• 공원에 쓰레기가 더 많아지면 어떻게 될지 이야기를 나눈다.<br>• 어떻게 하면 공원이 깨끗해 질 수 있을지 이야기를 나눈다.<br>- 어떻게 하면 공원이 다시 깨끗해질 수 있을까?<br>- 우리가 공원에 나가 쓰레기를 주워 공원을 깨끗이 해 주는 건 어떨까?<br>- 쓰레기를 줍기 위해 무엇이 필요할까?<br>• 사람들도 함께 쓰레기를 줍고 자연을 보호하는 마음을 갖게 하기 위해서 어떻게 하면 좋을지 이야기를 나눈 후, 캠페인 준비를 한다.<br>- 우리뿐만 아니라 사람들도 함께 자연을 보호하는 마음을 갖게 하면 어떨까?<br>- 사람들에게 뭐라고 말하면 좋을까?<br>- 사람들이 우리의 이야기가 잘 들리게 하려면 어떻게 해야 할까?<br>- 한목소리로 순서를 정해서 이야기하는 건 어떨까?<br>- 우리가 무엇을 말하는지 잘 알 수 있도록 피켓을 준비하자.</td></tr>
<tr><td>전 개</td><td colspan="3">• 필요한 소품을 준비한 후, 밖으로 나갈 준비를 한다.<br>• 피켓을 들고 교사의 장단에 맞춰 함께 정한 구호를 외친다.<br>• 공원으로 이동한다.<br>• 공원 주변 쓰레기를 주워 준비한 비닐봉지에 담는다.<br>• 깨끗해진 공원을 확인한다.<br>• 모인 쓰레기와 피켓을 들고 공원에서 교사의 장단에 맞춰 함께 정한 구호를 외친다.<br>• 유치원으로 이동한다.</td></tr>
<tr><td>평 가</td><td colspan="3">• 쓰레기 줍기 캠페인에 참여한 소감이 어떠니?<br>• 계속해서 사람들이 쓰레기를 버리지 않게 하기 위해서 우리가 어떻게 할 수 있을까?</td></tr>
</table>

<table>
<tr><td>활동 제목</td><td colspan="3">펄쩍 뛰고 싶어</td></tr>
<tr><td>활동 유형</td><td colspan="3">노래 배우기</td></tr>
<tr><td rowspan="2">활동 목표</td><td>교육적 목표</td><td colspan="2">• 즐겁게 노래를 부를 수 있다.<br>• 오염된 환경으로 인한 개구리의 슬픔을 표현한다.</td></tr>
<tr><td>음악적 목표</td><td colspan="2">• 단조의 음악을 느껴 본다.<br>• 강약을 나누어 불러 본다.<br>• 8마디의 짧은 노래임을 안다.</td></tr>
<tr><td>준 비 물</td><td colspan="3">노래판, 개구리 종이접기, 개구리 뛰는 동영상</td></tr>
<tr><td>집단 형태</td><td>대집단, 소집단</td><td>소요 시간</td><td>20분</td></tr>
<tr><td>활동 방법</td><td colspan="3">내 용</td></tr>
<tr><td>도 입</td><td colspan="3">• 개구리 동영상을 보여 준다.<br>- 개구리 뛰는 모습을 본 적 있니?<br>- 개구리는 뒷다리에 힘을 주며 뛰는데 다리가 없으면 뛸 수 있을까?</td></tr>
<tr><td>전 개</td><td colspan="3">• 노래판을 보여 주며 노랫말을 알려 준다.<br>- 환경이 나빠지면서 개구리는 태어나면서 다리가 없어졌어.<br>- 개구리는 어떤 기분이었을까? 그래 슬펐겠지?<br>• 개구리 인형을 보여 주며 노래를 슬프게 불러 준다.<br>- 나는 펄쩍 뛰고 싶은데 뛸 수가 없어. 왜냐하면 사람들이 아무 곳에나 쓰레기를 버리고 산성비가 내리기 때문이야. 그래서 슬프게 노래를 불렀어.<br>- 개구리는 펄쩍 뛰고 싶기 때문에 그 부분은 크게 부르고 싶었을거야. '펄쩍 뛰고 싶어' 부분은 크게, 다른 부분은 약하게 불러 강약을 조절해 보자.<br>- 우리 친구들도 개구리가 되어서 노래를 불러 보자. 친구들은 '펄쩍 뛰고 싶어' 만 부르고 나머지는 선생님이 불러 볼게.<br>- 이번엔 우리 친구들이 노래 부를 때 선생님이 탬버린을 연주할게. 탬버린은 한 번 치고 흔드는 방법으로 같은 노랫말이 반복될 때 연주할 거야.<br>• 유아들에게 5회 이상 듣기 활동을 하게 한 후 함께 부른다.<br>• 노래 부르기에 흥미를 가지면 개구리처럼 펄쩍 뛰면서 동작 활동도 시도해 본다.</td></tr>
<tr><td>평 가</td><td colspan="3">• 어떤 노래를 배웠니?<br>• 단조의 슬픈 느낌을 알게 되었니?<br>• 개구리의 뛰는 모습을 강약으로 표현해 보았니?<br>• 안 좋아진 환경으로 인해 개구리가 뛰지 못하는 슬픔을 알게 되었니?</td></tr>
</table>

| 활동 제목 | 토토의 나무 그리기 | | |
|---|---|---|---|
| 활동 유형 | 미술 활동 | | |
| 활동 목표 | • 고흐, 고갱, 클림트의 명화를 보며 나무의 모양을 관찰한다.<br>• 나무는 뿌리, 줄기, 잎이 있음을 안다.<br>• 나무 그리기를 즐겁게 해 본다.<br>• 친구들의 그림을 보며 나와 다른 점을 찾아본다. | | |
| 준 비 물 | 고흐의 〈꽃 피는 아몬드 나무〉, 고갱의 〈농부와 나무〉, 클림트의 〈생명의 나무〉, 화지, 색연필, 사인펜, 물감, 색종이 | | |
| 집단 형태 | 소집단-4, 5명의 유아와 교사 | 소요 시간 | 30분 |
| 활동 방법 | 내 용 | | |
| 도 입 | • 명화 3장을 보여 준다.<br>- 선생님이 고흐의 〈꽃 피는 아몬드 나무〉와 고갱의 〈농부와 나무〉, 클림트의 〈생명의 나무〉를 보여 줄게.<br>- 아름다운 그림을 그린 작가가 어떻게 나무를 그렸는지 자세히 살펴보자. | | |
| 전 개 | • 3장의 그림을 게시판에 붙여 준다.<br>• 「토토의 꿈 속 여행」에서 토토가 나무가 되는 과정을 회상한다.<br>- 토토가 나무로 변해 움직일 수 없었는데 그 이유는 무엇일까? 그래, 나무 뿌리가 흙에 묻혀 있기 때문이야.<br>• 나무는 뿌리, 줄기, 잎으로 구성되어 있다고 설명하고, 명화를 보며 나무의 모양에 대해 이야기를 나눈다.<br>- 충분히 관찰한 다음 어떻게 나무를 그릴지 생각하고 생각이 다 끝난 친구는 한 명씩 원하는 자리에 앉아 그림을 그려 보자.<br>• 생각한 나무를 화지에 그려본다.<br>- 토토를 생각하며 답답한 나무를 그려도 되고, 명화의 그림처럼 멋지고 아름답게 그려도 된단다.<br>• 유아들의 그림을 중간중간 보여 주며 그림의 다양성을 인정해 주고 그림 그리기를 독려한다.<br>• 다양한 재료를 사용하도록 하며 다 완성된 후에는 모두 모여 친구들의 그림을 감상하며 나와 다른 점을 찾아본다. | | |
| 평 가 | • 3장의 명화를 감상하며 서로 다른 점을 발견했니?<br>• 토토의 나무를 그리기 위해 동화의 내용을 회상했니?<br>• 나무의 뿌리, 줄기, 잎의 모양을 그림으로 잘 그렸니?<br>• 친구들 그림과 자신의 그림이 다른 것을 발견하고 흥미로웠니? | | |

# 옹달이의 여행 (물)

## 주제선정동기

물은 생활 곳곳에서 다양하게 활용되며 주변 환경에서 쉽게 접할 수 있는 물질입니다. 어디서나 쉽게 발견할 수 있는 물은 유아의 일상생활에 밀접한 관련이 있으며, 유아가 지속적으로 관심을 갖고 탐구하기에 적합하여 이를 주제로 선정하였습니다.

「옹달이의 여행」 이야기는 물이 자연에서 순환하는 과정을 그려 내고 있으며, 본 노래극을 통해 유아가 '물의 순환' 이라는 자연 과학 지식을 효과적으로 이해하고 물을 소중히 여기려는 친환경적인 태도를 형성할 수 있습니다. 자연을 이해하고 자연을 보호하려는 태도는 유아교육에 있어 중요한 교육 목표이기 때문에 이를 주제로 선정하게 되었습니다.

# 주제망구성

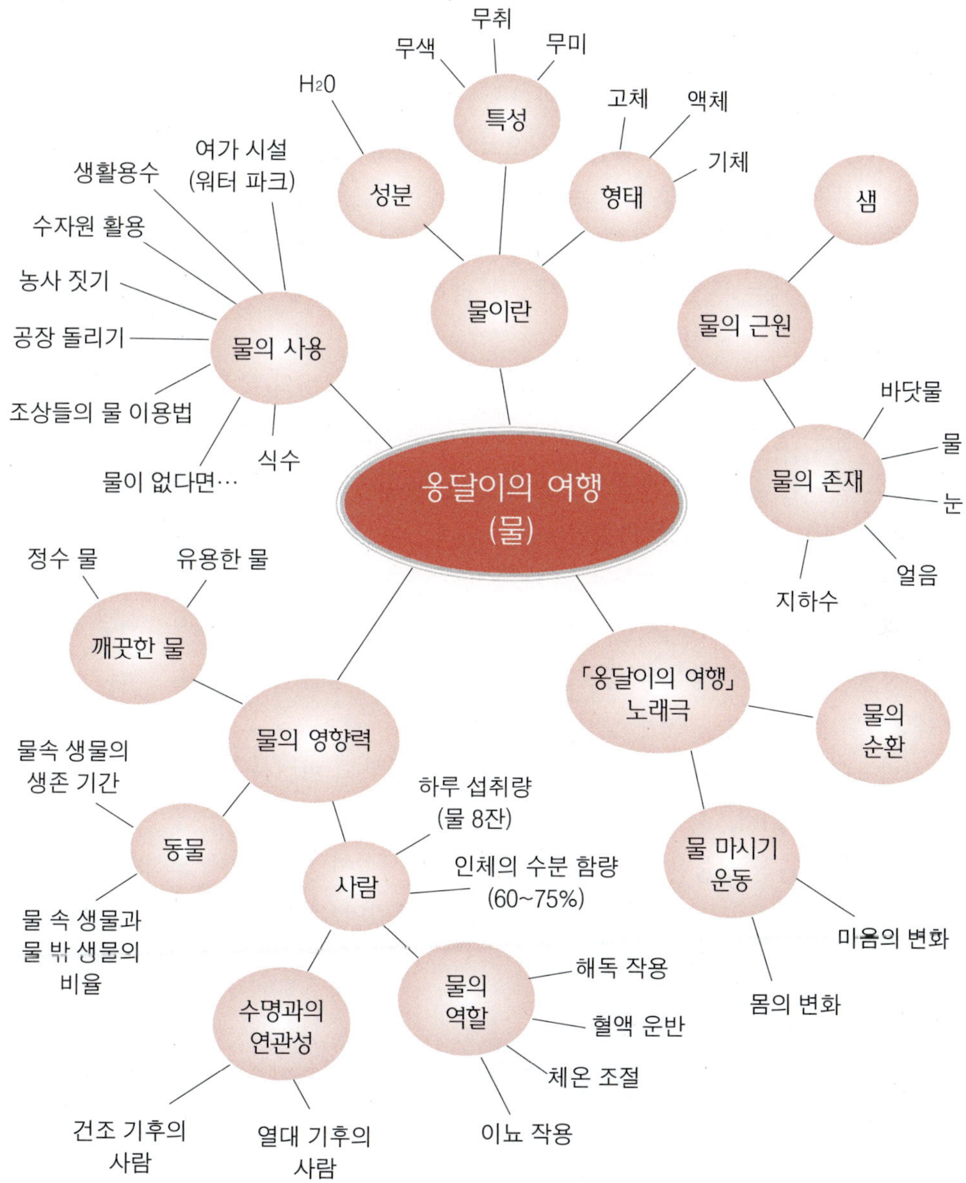
옹달이의 여행
(물)
물이란
성분
$H_2O$
특성
무색
무취
무미
형태
고체
액체
기체
물의 근원
샘
물의 존재
바닷물
물
눈
얼음
지하수
물의 사용
여가 시설
(워터 파크)
생활용수
수자원 활용
농사 짓기
공장 돌리기
조상들의 물 이용법
물이 없다면…
식수
「옹달이의 여행」
노래극
물의
순환
물 마시기
운동
마음의 변화
몸의 변화
물의 영향력
깨끗한 물
정수 물
유용한 물
동물
물속 생물의
생존 기간
물 속 생물과
물 밖 생물의
비율
사람
하루 섭취량
(물 8잔)
인체의 수분 함량
(60~75%)
수명과의
연관성
건조 기후의
사람
열대 기후의
사람
물의
역할
해독 작용
혈액 운반
체온 조절
이뇨 작용

## 줄거리

깊은 산속 옹달샘에 넓은 세상으로 여행을 떠나고 싶은 옹달이가 살고 있었어요.
옹달이는 물고기에게 넓은 세상으로 나가는 방법을 물어보았어요.
"개울물 따라서 큰 강물로 가면 된단다."
옹달이는 개울물을 따라서 넓은 세상으로의 여행을 시작했어요. 개울물을 따라가다 드디어 큰 강물에 도착했어요. 큰 강물에 도착하자, 옹달이는 세상을 따뜻하게 비춰 주는 해님이 있는 하늘이 궁금했어요.
"해님~! 하늘에는 무엇이 있어서 세상을 밝게 비춰 주나요? 나도 하늘나라에 가 보고 싶어요."
옹달이의 말을 들은 해님은 자신의 따뜻한 빛으로 옹달이의 몸을 비춰 주었어요. 옹달이의 몸은 점점 가벼워져 하늘로 둥둥 떠올랐어요.
하늘로 올라간 옹달이는 수증기가 되어 그곳에 있는 친구들과 만나 구름이 되고 비가 되어 다시 큰 강물로 떨어졌어요.
그런데 옹달이가 떨어진 강물은 더러운 거품 괴물 때문에 힘들어 하고 있었어요.
"웬 냄새지? 어휴, 더러운 물이야. 내 몸도 더러워졌어. 거품 괴물아, 너는 왜 깨끗한 강물을 더러운 거품으로 덮고 있니?"
옹달이의 말에 거품 괴물은 말했어요.
"사람들이 나를 괴롭혀. 아무 곳에나 쓰레기를 함부로 버려서 강물이 더러운 거품으로 덮이게 된 거야."
하지만 더러워진 강물은 또 다시 흘러서 정화 시설이 있는 곳에 도착해 오랜 시간 몸을 씻어 물이 다시 깨끗해진다는 것을 알려 주었어요. 옹달이와 거품 괴물은 정수가 되어 깨끗한 수돗물이 되었어요.

시나리오

# 1 막

- 다 같이 입장
- 다 같이 인사 : 일어서기-차렷-인사-자리에 앉기
- 다 같이 말하기 : 제목 옹달이의 여행
- 해설 등장

**해 설** 깊은 산속 옹달샘에 옹달이가 살고 있었어요. 옹달이는 넓은 세상으로 여행을 떠나고 싶었어요.

## 깊은 산속 옹달샘

차은진 작사 · 작곡

해설 노래

➪ 해설 퇴장

➪ 옹달이 등장

옹달이 : 옹달샘에서 나가고 싶어!
저기 물고기에게 세상으로 나가는 방법을 물어봐야지.

➪ 물고기 등장

물고기 : 개울물을 따라서 큰 강물로 가야지.

## 물을 가르는 물고기

차은진 작사 · 작곡

물고기 노래

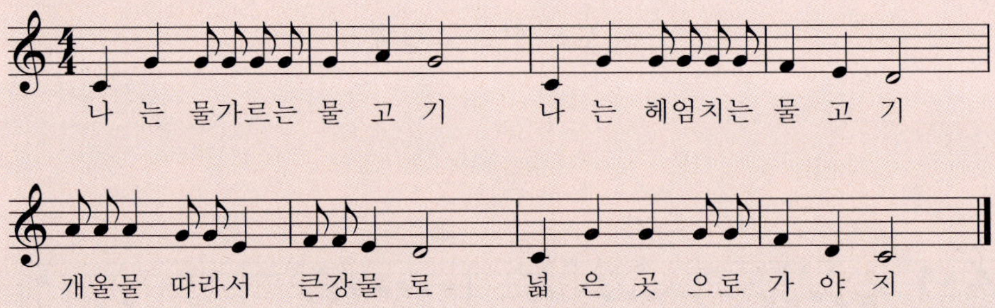

### 고기야 고기야

차은진 작사 · 작곡

옹달이 : 물고기를 따라 넓은 세상으로 가야지.

⇨ 물고기, 옹달이 퇴장

## 2 막

⇨ 해님 등장

해님 : 햇빛을 내려 세상을 따뜻하게 만들 거야.

### 세상을 밝게 하는 태양

차은진 작사 · 작곡

옹달이 : 어? 내 몸이 점점 가벼워지고, 하늘로 올라가는구나!

### 해님아 해님아

차은진 작사 · 작곡

➩ 옹달이, 해님 퇴장

## 단위 활동 계획안

| 활동 제목 | 옹달이의 여행 | | |
|---|---|---|---|
| 활동 유형 | 동화 듣기 | | |
| 활동 목표 | •「옹달이의 여행」 동화에 관심을 갖고, 내용과 순서에 대해 알아본다.<br>•「옹달이의 여행」 동화를 통해 환경에 따라 변화하는 물의 특성에 대해 알아본다.<br>• 물의 소중함을 알고 물을 보호하는 태도를 갖는다.<br>• 동화를 바르게 즐겨 듣는 태도를 갖는다. | | |
| 준 비 물 | 「옹달이의 여행」 PPT 동화 자료, 노트북, TV, 노트북과 TV 연결 케이블, 물 여과 과정 영상 또는 사진 | | |
| 집단 형태 | 대집단 | 소요 시간 | 20분 |
| 활동 방법 | 내 용 | | |
| 도 입 | • '비 내리는 소리'를 듣고 어떤 소리인지 맞춰 본다.<br>• 비는 어디에서 오는 것인지 이야기를 나눈다.<br>- 비는 어디에서 내리는 걸까?<br>- 하늘에 물이 있었던 걸까? 하늘에 있던 물은 어떻게 생긴 걸까? | | |
| 전 개 | • 교사가 들려주는 「옹달이의 여행」 동화를 듣는다.<br>• 동화 내용을 회상한다.<br>- 처음 옹달이가 있었던 곳이 어디였지?<br>- 옹달이가 흘러가서 무엇이 되었니?<br>- 더 흘러가서는 또 무엇이 되었지?<br>- 강이 큰 바다가 되고 옹달이는 어떻게 되었지?<br>- 하늘로 올라간 옹달이는 친구들을 만나 어떻게 됐지?<br>- 서로 손을 잡아 무거워진 옹달이는 결국 다시 어떻게 되었지?<br>- 땅으로 떨어진 옹달이는 처음에 어디로 들어갔지? 거기서 누구를 만났었지?<br>- 더러운 옹달이가 어떻게 먹을 수 있는 물이 될 수 있었을까?<br>• 먹는 물이 되기 위해 거쳐야 하는 복잡한 여과 과정에 대해 살펴본다.<br>- 동화 속 옹달이처럼 실제로 어떻게 더러운 물이 깨끗한 물이 되는지 살펴보자.<br>- 더러운 물이 쉽게 우리가 먹을 수 있는 물로 변할 수 있었니?<br>- 물 여과 과정에 어떤 것들이 필요했니? | | |
| 평 가 | • 우리가 물을 사용할 때 어떤 마음으로 사용해야 할지 이야기를 나눈 후, 유치원에서 물을 아끼기 위해 할 수 있는 약속을 한 가지 정한다. | | |

<table>
<tr><td>활동 제목</td><td colspan="4">깊은 산속 옹달샘</td></tr>
<tr><td>활동 유형</td><td colspan="4">노래 배우기</td></tr>
<tr><td rowspan="2">활동 목표</td><td>교육적 목표</td><td colspan="3">• 물의 생성, 순환, 오염에 대해 관심을 갖는다.<br>• 옹달이의 여행에 함께 참여한다.</td></tr>
<tr><td>음악적 목표</td><td colspan="3">• 반복되는 부분이 어떤 것인지 알게 한다.<br>• 2도막 형식의 긴 노래이고 4마디 후 악기로 분절을 알게 한다.<br>• 합창으로 함께 부르며 공감한다.</td></tr>
<tr><td>준 비 물</td><td colspan="4">노래판, 물방울 그림, 트라이앵글</td></tr>
<tr><td>집단 형태</td><td colspan="2">대집단, 소집단</td><td>소요 시간</td><td>20분</td></tr>
<tr><td>활동 방법</td><td colspan="4">내 용</td></tr>
<tr><td>도 입</td><td colspan="4">• 물방울 그림을 보여 주며 무엇인지 묻는다.<br>- 물은 손으로 만져지기도 하지만 만질 수 없기도 해.<br>- 우리가 먹는 물은 어떤 물일까? 어떻게 하면 깨끗해질까?</td></tr>
<tr><td>전 개</td><td colspan="4">• 노래판을 보여 주며 노랫말을 따라 읽게 한다.<br>• 노래를 처음부터 끝까지 들려주는데, 긴 노래이므로 유아의 참여도가 낮을 경우 동작도 함께 하며 불러 준다.<br>• 이번에는 교사가 우드 블록으로 소절 마지막을 연주하여 노래의 분절을 알려 준다.<br>• 트라이앵글을 이용해 우드 블록과 같은 방법으로 연주해 준다.<br>• 여러 번 듣기를 하면서 노래의 흐름을 알게 한 후 중요한 포인트의 노랫말만 노래하도록 유도한다.<br>- 너희들은 '옹달이', '옹달샘', '물'이 나오는 노랫말에서만 함께 부르면 되는 거야.<br>- 유아들이 보기 좋게 위의 단어가 나오는 경우에는 빨간색이나 초록색으로 표시를 해 준다.<br>• 여러 번 활동한 후 함께 부르기를 시도한다.<br>• 긴 노래일 경우 음의 정확도를 위해 리듬 악기뿐 아니라 가락 악기를 동원해 함께 연주한다.<br>• 피아노를 치면서 반주와 멜로디를 정확하게 알려 준다.<br>• 함께 노래를 부르면서 율동도 만들어 본다.</td></tr>
<tr><td>평 가</td><td colspan="4">• 어떤 노래를 배웠니?<br>• 옹달이가 여행하는 과정을 알게 되었니?<br>• 다 함께 노래를 부르면서 재미있었니?</td></tr>
</table>

| 활동 제목 | 비눗방울 놀이 | | |
|---|---|---|---|
| 활동 유형 | 과학 활동 | | |
| 활동 목표 | • 물의 성질을 살펴본다.<br>• 표면 장력에 대해 관심을 가진다.<br>• 여러 모양의 비눗방울 틀을 기억한다.<br>• 모양과 상관없이 비눗방울이 둥글게 나오는 이유를 안다. | | |
| 준 비 물 | 비눗방울 물, 세모 · 네모 · 별 · 동그라미 모양 틀, 표면 장력 사진 및 동영상 | | |
| 집단 형태 | 소집단-4, 5명의 유아와 교사 | 소요 시간 | 30분 |
| 활동 방법 | 내 용 | | |
| 도 입 | • 비눗방울 틀을 보여 준다.<br>- 선생님이 4가지 모양의 틀을 보여 줄게. 이것으로 무엇을 할 수 있을까?<br>- 비눗방울이 어떤 모양으로 나올까? | | |
| 전 개 | • 유아들과 상상해서 비눗방울의 모양을 그려 본다.<br>• 유아들에게 정말 틀의 모양대로 나오는지 시범을 보인다.<br>• 유아들이 의아하게 "와!"라고 답하면 "신기하지?"라고 답을 한다.<br>• 유아들에게 하고 싶은지 물은 뒤 질서를 지켜 실외로 나간다.<br>- 원하는 모양을 선택한 뒤 비눗방울 놀이를 한다.<br>- 비눗방울만 보느라 친구들과 부딪치지 않도록 안전에 대해 설명한다.<br>- 모양을 바꿔 놀이해 본다.<br>• 놀이가 끝나면 손을 씻고 실내에 앉아 표면 장력에 대해 이야기를 나눈다.<br>- 표면 장력에 관한 동영상을 보여 주며 물의 성질 중 물 표면에서 서로 팽팽하게 손을 잡고 싶어하는 성질을 이야기 하며 비눗방울이 둥글게 나오는 이유를 설명한다.<br>• 표면 장력 사진을 과학 영역에 붙여 물의 성질에 대한 이해를 돕는다. | | |
| 평 가 | • 물의 성질에 흥미를 갖게 되었니?<br>• 표면 장력을 실험을 통해 접해 보았니?<br>• 다양한 모양의 틀을 구분할 수 있었니?<br>• 동영상과 사진이 표면 장력을 이해하는데 도움이 되었니? | | |

<table>
<tr><td>활동 제목</td><td colspan="3">비 오는 날 그리기</td></tr>
<tr><td>활동 유형</td><td colspan="3">미술 활동</td></tr>
<tr><td>활동 목표</td><td colspan="3">• 「옹달이의 여행」 동화를 기억한다.<br>• 비가 오는 이유에 탐구심을 갖는다.<br>• 비 오는 날에 있었던 일을 회상한다.<br>• 크레파스와 물감의 성질을 이용해 비밀 그림을 그려 본다.</td></tr>
<tr><td>준 비 물</td><td colspan="3">화지, 크레파스, 물감, 붓, 비 오는 동영상</td></tr>
<tr><td>집단 형태</td><td>소집단-4, 5명의 유아와 교사</td><td>소요 시간</td><td>30분</td></tr>
<tr><td>활동 방법</td><td colspan="3">내 용</td></tr>
<tr><td>도 입</td><td colspan="3">• 「옹달이의 여행」 동화를 회상하고 하늘에서 떨어지는 물방울에 대해 이야기를 나눈다.<br>- 물방울이 햇빛에 의해 가벼워지다가, 친구들이 모이면 무거워지겠지?<br>- 무거워져서 땅으로 떨어지게 되는데 그게 무얼까?</td></tr>
<tr><td>전 개</td><td colspan="3">• 비가 내리는 과정을 멀티미디어로 본다.<br>• 「옹달이의 여행」에 나오는 과정과 비교해서 이야기를 나눈다.<br>• 비가 오는 날 재미있었던 일을 떠올리고 이야기를 나눈다.<br>- 비 오는 날이 기억나니?<br>• 비 오는 날을 그려 보기로 한다.<br>- 각자 생각나는 비 오는 날의 그림을 크레파스로 그려 볼까?<br>- 비는 하얀색 크레파스로 색칠해 보자.<br>- 크레파스 작업이 끝난 친구는 물감으로 전체를 색칠해 보자.<br>- 붓을 이용해서 색칠하는 작업은 선생님이 도와줄게.<br>• 그림이 마르기를 기다린 후 친구들에게 자기 그림을 소개한다.<br>• 유아들의 그림에 제목을 붙인 다음 게시판에 전시해 준다.</td></tr>
<tr><td>평 가</td><td colspan="3">• 「옹달이의 여행」 동화 내용을 기억해 보았니?<br>• 비가 오는 이유에 대해 탐구해 보았니?<br>• 즐겁게 비 오는 날 그림을 그렸니?<br>• 친구들에게 자신의 그림을 적절한 언어로 소개했니?</td></tr>
</table>

# 사자 대왕과 왕사탕 (치 위생)

## 주제선정동기

「사자 대왕과 왕사탕」은 치 위생 교육을 위한 동화로 양치질을 바르게 하는 기본 생활 습관을 형성하는 것에 교육적 의의를 두어 주제로 선정하였습니다.

본 노래극은 사자를 비롯한 다양한 동물들의 등장으로 동물에 관심이 많은 유아에게 흥미를 쉽게 유발할 수 있으며, 이를 통해 동물들의 생활과 특징에 대해 효과적으로 유아가 인식할 수 있습니다.

또한 사자 대왕과 주변 신하 동물들의 대화를 통해 구조적인 소통에 대해 이해하게 되며, 입을 벌려 염소 의사 선생님께 입안을 치료하는 과정이 흥미로운 활동으로 인식되어 실제 치료를 받았던 기억들을 정화할 수 있기도 합니다.

# 주제망구성

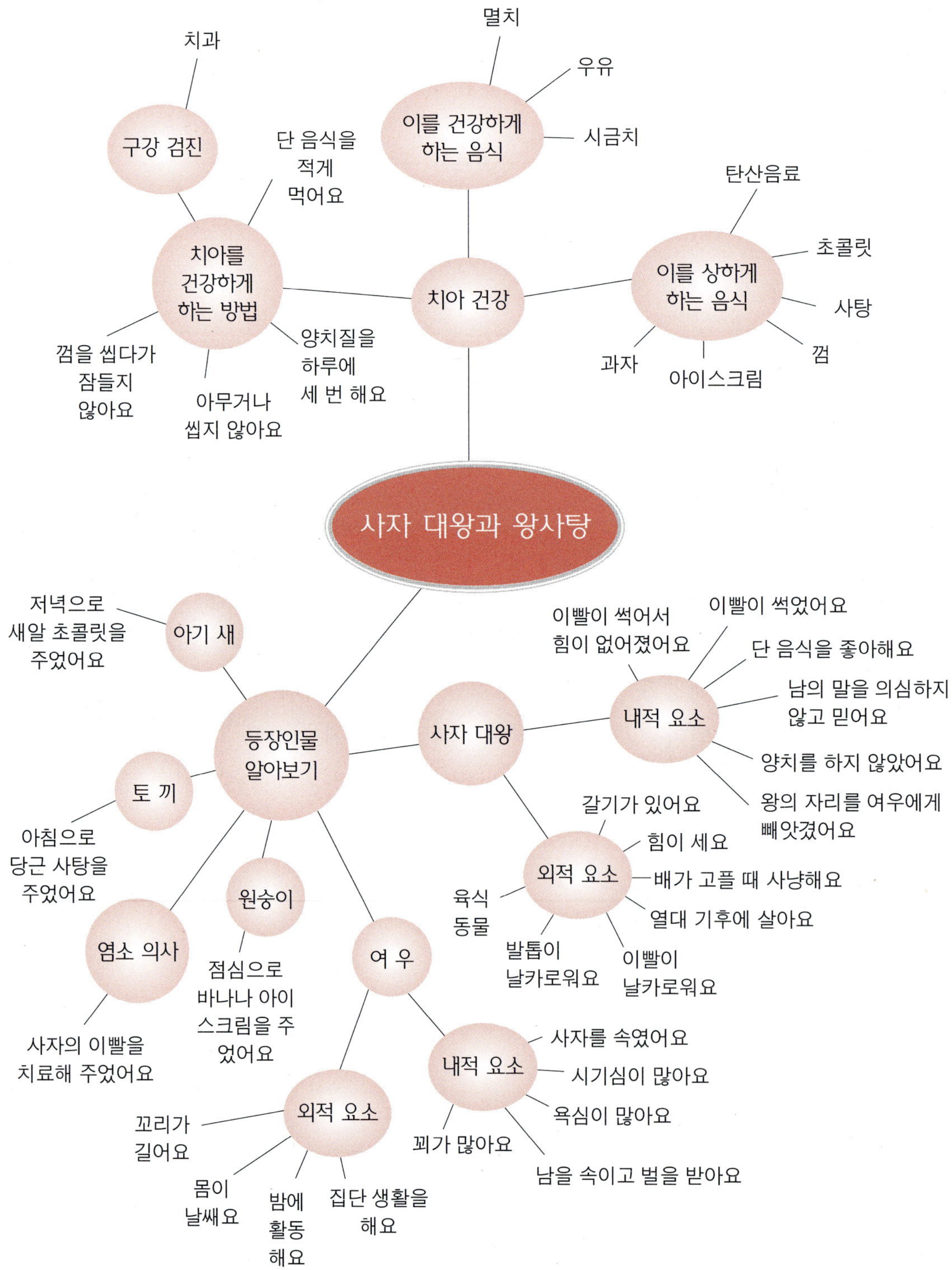
사자 대왕과 왕사탕
치아 건강
이를 건강하게 하는 음식
멸치
우유
시금치
이를 상하게 하는 음식
탄산음료
초콜릿
사탕
껌
아이스크림
과자
치아를 건강하게 하는 방법
구강 검진
치과
단 음식을 적게 먹어요
양치질을 하루에 세 번 해요
아무거나 씹지 않아요
껌을 씹다가 잠들지 않아요
등장인물 알아보기
아기 새
저녁으로 새알 초콜릿을 주었어요
토 끼
아침으로 당근 사탕을 주었어요
원숭이
점심으로 바나나 아이스크림을 주었어요
염소 의사
사자의 이빨을 치료해 주었어요
사자 대왕
내적 요소
이빨이 썩어서 힘이 없어졌어요
이빨이 썩었어요
단 음식을 좋아해요
남의 말을 의심하지 않고 믿어요
양치를 하지 않았어요
왕의 자리를 여우에게 빼앗겼어요
외적 요소
갈기가 있어요
힘이 세요
배가 고플 때 사냥해요
열대 기후에 살아요
이빨이 날카로워요
발톱이 날카로워요
육식 동물
여 우
내적 요소
사자를 속였어요
시기심이 많아요
욕심이 많아요
남을 속이고 벌을 받아요
꾀가 많아요
외적 요소
꼬리가 길어요
몸이 날쌔요
밤에 활동해요
집단 생활을 해요

## 줄거리

옛날, 숲속 나라에 사자 대왕이 살고 있었어요. 사자 대왕은 달고 맛있는 음식을 보면 참지 못하였어요. 그래서 약한 동물들에게 매일매일 달콤한 음식들로 식사 준비를 하게 했어요.

토끼가 아침 식사를 준비하였어요. 아침 식사는 당근으로 만든 사탕이었어요. 사자 대왕은 당근 사탕을 우드득 깨물어 먹어 버렸어요.

점심에는 원숭이가 바나나로 만든 시원하고 입에서 살살 녹는 아이스크림을 가져왔어요. 사자 대왕은 바나나 아이스크림을 냠냠 맛있게 먹었어요.

저녁이 되자, 아기 새가 달콤한 초콜릿으로 만든 새알 초콜릿을 한 바구니 가져왔어요. 사자 대왕은 저녁 식사로 새알 초콜릿 한 바구니를 단숨에 씹어 삼켰어요.

한편, 이웃 동물 나라에 여우가 살고 있었어요. 여우는 사자 대왕 대신 자기가 왕이 되고 싶었어요. 그래서 사자의 이빨을 썩게 해 빠지게 하려고 맛있게 생긴 커다란 왕사탕을 들고 사자 대왕을 찾아갔어요. 여우의 꾀에 속아 넘어간 사자 대왕은 왕사탕을 많이 먹고 이빨이 몽땅 썩어 버렸어요.

결국 여우는 사자 대왕을 쫓아내고 동물 나라의 왕이 되었어요. 못된 여우는 왕이 되자 착하고 힘없는 동물들을 못살게 굴었어요. 하지만 그것을 보고도 이빨이 아픈 사자는 도울 수가 없었어요.

그 소식을 들은 치과 의사 염소 선생님이 사자의 썩은 이빨을 치료해 주었어요. 예전처럼 건강한 이빨을 갖게 된 사자 대왕은 못된 여우를 혼내 주고 동물들을 구해 주었어요.

그리고 그 후로는 동물 나라의 사자 대왕과 동물들은 단 음식을 많이 먹지 않았어요. 그리고 식사 후에는 반드시 양치질을 했답니다.

## 시나리오

- 다 같이 입장
- 다 같이 인사 : 일어서기－차렷－인사－자리에 앉기
- 다 같이 말하기 : 제목 사자 대왕과 왕사탕
- 해설 등장(등장 음악에 맞추어 무대 앞으로 나와 마이크 앞에 선다)

**해 설** 숲속 동물 나라에 단 음식을 좋아하는 사자 대왕이 살았어요.
우리 친구들도 사탕을 좋아하지요? 단것만 좋아하는 사자 대왕과 동물 나라 친구들에게 무슨 일이 생겼을까요?

- 해설 퇴장(퇴장 음악에 맞추어 무대 위 뒤편으로 들어간다)

### 옛날 옛날에

전형태 작사/ 차은진 작곡

해설 노래

➾ 사자 등장(등장 음악에 맞추어 입장한다)

## 나는 이 나라의 대왕 1

전형태 작사/ 차은진 작곡

사자 : 배가 고픈데 오늘 아침 식사는 무엇인가?

➾ 사자 퇴장(중앙의 사자 대왕 자리에 앉는다)

➾ 토끼 등장(등장 음악에 맞추어 입장한다)

## 오늘 아침은

전형태 작사/ 차은진 작곡

토끼 : 사자 대왕님! 아침 식사로 당근 사탕 드세요.

➾ 토끼 퇴장(퇴장 음악에 맞추어 무대 위 뒤편으로 들어간다)

사자 : 으음, 참 맛있구나!

⇨ 시간의 흐름을 알리기 위해 해설 유아들이 해님을 들고 무대 앞을 한 바퀴 걸어서 등장했다가 다시 퇴장한다.

⇨ 원숭이 등장(등장 음악에 맞추어 입장한다)

## 오늘 점심은

전형태 작사/ 차은진 작곡

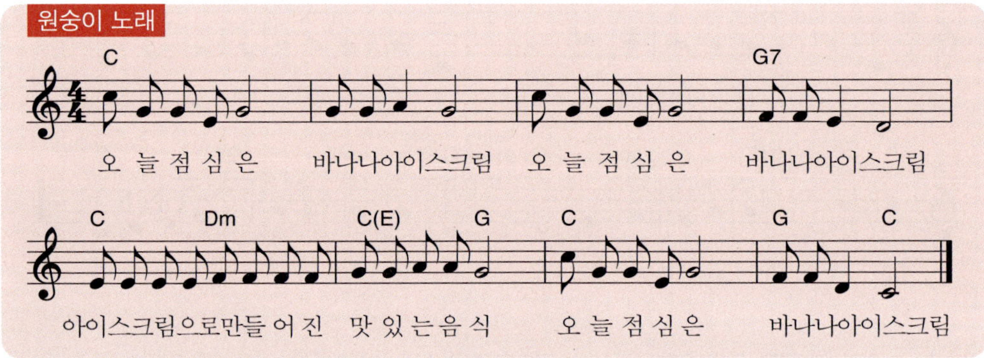


원숭이 : 사자 대왕님, 시원하고 입에서 살살 녹는 바나나 아이스크림 드세요!

⇨ 원숭이 퇴장(퇴장 음악에 맞추어 무대 위 뒤편으로 들어간다)

사자 : 점심도 맛있게 먹었구나!

⇨ 시간의 흐름을 알리기 위해 해설 유아들이 달, 별을 들고 무대 앞으로 나와 한 바퀴 돌고 퇴장한다.

⇨ 아기 새 등장(등장 음악에 맞추어 입장한다)

## 오늘 저녁은

전형태 작사/ 차은진 작곡

아기 새 : 사자 대왕님, 달콤한 새알 초콜릿 맛보세요.

⇨ 아기 새 퇴장(퇴장 음악에 맞추어 무대 위 뒤편으로 들어간다)

사자 : 너무 너무 맛있구나. 이제 배가 부르니 잠을 자야지.

⇨ 사자 퇴장(퇴장 음악에 맞추어 무대 위 뒤편으로 들어가서 자는 모습을 표현한다)

⇨ 해설 등장(등장 음악에 맞추어 무대 앞으로 나와 마이크 앞에 선다)

**해 설** 한편 이웃 동물 나라에는 여우가 살고 있었어요. 여우는 사자 대왕 대신 자기가 왕이 되고 싶었어요. 그래서 사자의 이빨을 썩어 빠지게 하려고 맛있게 생긴 커다란 왕사탕을 들고 사자 대왕을 찾아갔어요.

⇨ 해설 퇴장(퇴장 음악에 맞추어 무대 위 뒤편으로 들어간다)

⇨ 여우 등장(등장 음악에 맞추어 입장한다)



## 맛있는 사탕이요

전형태 작사/ 차은진 작곡

➩ 사자 등장(등장 음악에 맞추어 입장한다)

사자 : 커다란 사탕이라고? 아주 맛있겠구나. 냠냠…….
　　내 이빨이 이상해, 아이고 아파! 아이고 아파!

여우 : 입을 벌려 보세요. 이빨이 몽땅 썩었네요.
　　에이~ 바보 같은 사자. 이빨이 없으니, 이제는 내가 왕이다. 저리 비켜!

➩ 으스스한 음악 소리가 들리면 사자는 쫓겨 가고 여우가 왕좌에 앉는다.

➩ 해설 등장(해설하는 동안 염소가 등장해서 사자를 치료해 준다)

**해 설** 못된 여우는 왕이 되자 착하고 힘없는 동물들을 못살게 굴었어요. 하지만 그것을 보고도 이빨이 아픈 사자는 도울 수가 없었어요. 그 소식을 들은 치과 의사 염소 선생님이 사자의 썩은 이빨을 치료해 주었어요.



➩ 해설 퇴장(퇴장 음악에 맞추어 무대 위 뒤편으로 들어간다)

➩ 염소 등장(등장 음악에 맞추어 입장한다)

➩ 사자 등장(등장 음악에 맞추어 입장한다)

염소 : 제가 도와드릴게요. 아~ 해 보세요.

사자 : 아~ (사자가 입을 벌리고 염소는 치료해 주는 동작을 한다)

염소 : 이제 치료가 끝났습니다.

사자 : 고맙습니다. 이제 안 아파요.

## 삼삼삼

전형태 작사 · 작곡

➩ 염소 퇴장(퇴장 음악에 맞추어 무대 위 뒤편으로 들어간다)

➩ 사자가 일어서서 〈나는 이 나라의 대왕2〉 노래를 부른다.

### 나는 이 나라의 대왕 2

전형태 작사/ 차은진 작곡

➩ 음악이 나오면 사자가 여우를 쫓아내고 동물들은 "와!" 하고 함성을 지른다.

동물들 : 와! 사자 대왕이 돌아오셨다.

➩ 해설 등장(등장 음악에 맞추어 무대 앞으로 나와 마이크 앞에 선다)

**해 설** 그리하여 건강을 되찾은 사자는 못된 여우를 혼내 주고 동물들을 구해 주었어요. 그 후로 동물 나라의 사자 대왕은 단 음식을 먹지 않았대요. 그리고 식사 후에는 반드시 양치질을 했답니다. 우리 친구들도 단 음식은 피하고 식사 후에는 양치질을 꼭 해야 돼요.

➩ 해설 퇴장(퇴장 음악에 맞추어 무대 위 뒤편으로 들어간다)

➩ 등장인물 모두 제지리에 일어서서 나 같이 〈삼삼삼〉 노래를 부른다.

## 삼삼삼

전형태 작사 · 작곡

다 같이 노래

⇨ 다 같이 인사 : 일어서기–차렷–인사

⇨ 다 같이 퇴장(퇴장 음악에 맞추어 무대 뒤로 들어간다)

## 단위 활동 계획안

| 활동 제목 | 사자 가면 꾸미기 |
| --- | --- |
| 활동 유형 | 미술 활동 |
| 활동 목표 | 사자의 얼굴 모습을 알고, 여러 가지 재료를 이용하여 가면을 꾸밀 수 있다. |
| 준 비 물 | 1회용 종이 접시, 뿅뿅이, 본드, 털실, 눈알, 모루, 펀치, 고무줄, 이쑤시개, 면봉 |
| 활동 방법 | 내 용 |
| 도 입 | • 구연 동화 「사자 대왕과 왕사탕」을 듣는다.<br>• 사자의 생김새에 대해 이야기한다.<br>- 사자를 본 적이 있니?<br>- 갈기는 어떻게 생겼니?<br>- 이빨은 어떻게 생겼니?<br>- 귀는 어떤 모양이니?<br>- 몸의 색깔은 어떠니? |
| 전 개 | • 사자 얼굴을 여러 가지 재료로 꾸며 본다.<br>- 1회용 종이 접시에 털실과 모루를 이용해서 갈기를 꾸며 준다.<br>- 색종이와 이쑤시개, 면봉을 이용해서 이빨을 본드로 붙인다.<br>- 눈, 코, 입을 꾸민다.<br>- 콧수염을 붙인다.<br>• 펀치로 구멍을 뚫고 고무줄을 끼워 가면을 완성한다. |
| 평 가 | • 자신이 만든 가면을 소개하고 싶은 유아는 1명씩 앞으로 나와 소개한다.<br>- 어떤 재료로 만들었니?<br>- 이름은 ○○야.<br>- ○○을 이용해서 붙였어.<br>- 가면을 직접 써 본다. |

| 활동 제목 | 이에 좋은 음식과 이에 해로운 음식 |
|---|---|
| 활동 유형 | 게임 활동 |
| 활동 목표 | 이에 좋은 음식과 이에 해로운 음식을 알고 분류할 수 있다. |
| 준 비 물 | 까슬이를 붙인 음식 그림 카드(사탕, 초콜릿, 탄산음료, 껌, 우유, 멸치), 비밀 상자 2개, 목적물(그림판 2개) |
| 활동 방법 | 내 용 |
| 도 입 | • 강당으로 이동한다.<br>• 수수께끼를 낸다.<br>• 비밀 상자에서 음식 카드를 꺼낸다.<br>- 이 음식은 무엇일까?<br>- 먹어 본 적이 있니? 맛은 어떠니?<br>- 많이 먹으면 어떻게 될까?<br>- 우리 몸에 좋을까?<br>- 어디에 나쁠까?<br>- 오늘은 이에 좋은 음식과 나쁜 음식으로 게임을 할 거야. |
| 전 개 | • 양편으로 나눠 앉는다.<br>• 각 편의 인원수가 같은지 세어 본다.<br>- 편 이름을 정해 볼까?<br>• 게임 방법을 정한다.<br>- 출발선에서 출발 후 중간 지점의 비밀 상자에서 음식 카드를 한 개 꺼낸다.<br>- 꺼낸 음식 카드를 목적물에 가서 이에 좋은 음식과 이에 해로운 음식으로 분류해 붙인다.<br>- 잘 분류해서 붙이고 먼저 돌아온 유아가 승리한다.<br>• 게임을 해 본다. |
| 평 가 | • 이에 좋은 음식과 나쁜 음식에 대해 이야기해 볼까?<br>• 게임 결과를 알아보고, 서로 칭찬과 격려를 해 보자. |

| 활동 제목 | '사' 라는 말로 시작하는 말 |
|---|---|
| 활동 유형 | 언어, 음률 활동 |
| 활동 목표 | '사' 자가 들어가는 단어에 관심을 갖고 주변에서 관련된 글자를 찾아본다. |
| 준 비 물 | 단어 카드와 그림 카드(낱장 카드: 사과, 사자, 사탕, 사다리, 사진기 등) |
| 활동 방법 | 내 용 |
| 도 입 | • 그림 카드에 무엇이 있는지 수수께끼를 내서 알아맞히게 한다.<br>- 나는 동물이야. 내 몸에는 털이 있어. 수컷의 머리에 있는 털을 갈기라고 하지. 나는 누구일까?<br>- 유아들이 맞혔을 때 사자 인형을 제시한다. |
| 전 개 | • 교사가 노래를 부르면서 유아들에게 질문을 한다.<br>- ♪ '사' 라는 말로 시작하는 말~ 두 글자가 뭘까?♬<br>• '사' 자가 들어가는 두 글자의 다른 단어를 생각해 본다.<br>- '사자' 처럼 첫 글자가 '사' 라는 글자로 시작하는 단어는 무엇이 있을까?<br>• '사' 자가 들어가는 세 글자의 단어를 생각해 본다.<br>- ♪ '사' 라는 말로 시작하는 말~ 세 글자는?♬ |
| 평 가 | • '사' 자가 들어가는 단어와 그림을 서로 맞게 짝지어 볼까?<br>• 그림 카드 옆에 해당하는 글자 카드를 붙여 볼까?<br>• '사' 자가 들어가는 단어를 활동지에 써 보도록 하자. |

| 활동 제목 | 탄산음료에 이를 넣고 관찰하기 |
|---|---|
| 활동 유형 | 과학 활동 |
| 활동 목표 | 실험을 통해 탄산음료가 치아에 어떤 영향을 끼치는지 알 수 있다. |
| 준 비 물 | 컵, 치아 3개, 물, 우유, 콜라 |
| 활동 방법 | 내 용 |
| 도 입 | • "치카치카치카치카치카치카 꼬르르 퉤" 손유희를 통해 주의 집중을 시킨다.<br>• 이가 썩은 악어(상자로 만든 인형)를 등장시킨다.<br>- 나는 콜라와 사탕을 많이 좋아해서 많이 먹었는데, 이가 이렇게 썩었단다. 아이구~ 이야.<br>- 이가 이렇게 썩으면 어디에 가야 될까?<br>- 지난 번에 치과에 견학을 갔을 때 의사 선생님께 부탁해서 치아를 3개 가져왔어. |
| 전 개 | • 실험 방법에 대해 이야기를 나눈다.<br>- 여기 물, 우유, 콜라가 있는데 치아를 1개씩 넣어 두려고 해.<br>• 어떻게 될지 이야기해 본다.<br>- 어떻게 될 것 같아?<br>- 왜 그렇게 될 것 같니?<br>• 어떻게 될지 예상한 그림을 그려 본다.<br>- 정말 그렇게 되는지 매일 관찰해 보고 관찰 용지에 그림을 그려 보자. |
| 평 가 | • 매일 관찰할 수 있도록 관찰 용지를 자유 선택 활동 영역에 비치해 둔다.<br>• 일주일이 지난 후 관찰 결과를 이야기해 본다.<br>- 친구들이 관찰한 이가 어떻게 되었니?<br>- 왜 그렇게 변한 것일까?<br>- 우리가 콜라 같은 탄산음료를 많이 먹으면 어떻게 될까?<br>- 콜라를 먹고 난 후 어떻게 하면 이가 상하지 않을까?<br>• 우리의 이가 건강해지려면 어떻게 해야 할지 이야기하고 그대로 하기로 약속한다. |

# 2 이솝 동화

## 개미와 베짱이

### 주제설정동기

개미는 열심히 일을 하고 베짱이는 신나게 놉니다. 그러나 이들에게 계절이 바뀌면서 상황은 역전이 됩니다. 베짱이는 구걸을 하게 되고 개미는 그동안 모은 곡식으로 따뜻하게 배불리 먹게 됩니다.

본 노래극을 통해 개미처럼 미래를 생각하고 일을 하며 살아갈 것인지, 베짱이처럼 게으르게 놀기만 할 것인지를 유아가 스스로 생각하고 결정하게 되며, 절제하는 생활 습관을 형성하게 됩니다.

또한 작은 곤충인 개미와 베짱이의 역할을 직접 해 봄으로써 곤충의 움직임과 그들의 생활을 인식하게 되고, 여름과 겨울의 계절을 체험함으로써 계절에 맞는 놀이와 일상생활에 대해 이해할 수 있게 됩니다.

# 주제망구성

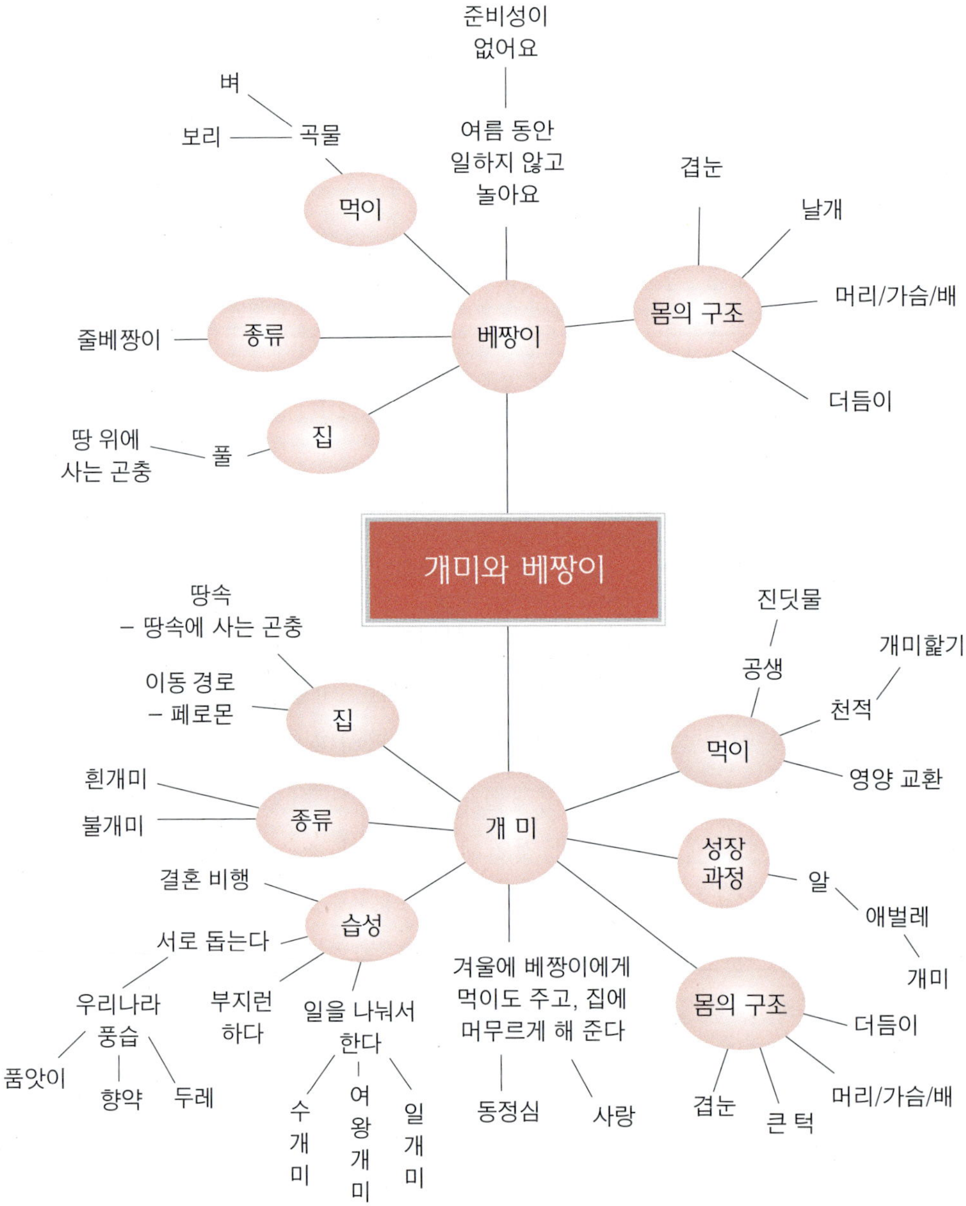
개미와 베짱이
베짱이
먹이
곡물
벼
보리
여름 동안 일하지 않고 놀아요
준비성이 없어요
몸의 구조
겹눈
날개
머리/가슴/배
더듬이
종류
줄베짱이
집
풀
땅 위에 사는 곤충
개 미
집
땅속 – 땅속에 사는 곤충
이동 경로 – 페로몬
종류
흰개미
불개미
습성
결혼 비행
서로 돕는다
우리나라 풍습
품앗이
향약
두레
부지런하다
일을 나눠서 한다
수개미
여왕개미
일개미
겨울에 베짱이에게 먹이도 주고, 집에 머무르게 해 준다
동정심
사랑
먹이
진딧물
공생
천적
개미핥기
영양 교환
성장 과정
알
애벌레
개미
몸의 구조
더듬이
머리/가슴/배
큰 턱
겹눈

## 줄거리

해님이 쨍쨍 비추는 어느 무더운 여름날이었어요.

잠꾸러기 베짱이는 쿨쿨 잠을 자고 개미는 땀을 뻘뻘 흘리며 열심히 일했어요.

주룩주룩 비가 오는 날에도 개미는 열심히 일했지만 베짱이는 노래를 부르며 놀기만 했어요.

가을이 되어 바람이 쌩쌩 불고 나뭇잎들이 하나둘 떨어질 때에도 개미들은 열심히 일을 했어요. 그러나 게으름뱅이 베짱이는 노래만 부르며 놀면서, 일하는 개미를 놀렸어요.

차가운 바람이 불고 하얀 눈이 펑펑 내리는 겨울이 오자 놀기만 하던 게으름뱅이 베짱이는 춥고 배가 너무 고파서 배를 잡고 덜덜 떨면서 눈길을 걸어 다녔어요.

그러다 베짱이는 개미네 집으로 갔어요.

개미네 집 굴뚝에서는 연기가 모락모락 나고 있었고 행복한 웃음소리도 들렸어요.

베짱이는 개미네 집 문을 두드리며 말했어요.

"개미님 문 좀 열어 주세요. 너무 춥고 배가 고파요."

그러자 개미들은 문을 열면서 말했어요.

"베짱이님 추운데 어서 들어오세요."

게으름뱅이 베짱이는 개미가 준 따뜻한 음식을 먹으며, 개미들을 놀리고 놀기만 한 것을 후회하며 눈물을 흘렸답니다.

## 시나리오

- 다 같이 입장
- 다 같이 인사 : 일어서기-차렷-인사-자리에 앉기
- 다 같이 말하기 : 제목 개미와 베짱이
- 해설 등장(등장 음악에 맞추어 무대 앞으로 나와 마이크 앞에 선다)

**해 설** 해님이 쨍쨍 비추는 어느 무더운 여름날이었어요. 개미와 베짱이는 어떻게 무더운 더위를 이겨 냈을까요?

- 해설 퇴장(퇴장 음악에 맞추어 무대 위 뒤편으로 들어간다)
- 개미, 베짱이 등장(등장 음악에 맞추어 입장하여 무대 양편에 선다)

### 개미는 뻘뻘

차은진 작사 · 작곡

개미 : 일을 하자, 일을 하자, 영차 영차!

### 베짱이는 노네

차은진 작사 · 작곡

베짱이 : 우리는 신나게 놀자.

⇨ 〈개미는 뻘뻘〉 노래와 〈베짱이는 노네〉 노래를 동시에 부른다(개미 역할은 개미의 노래, 베짱이 역할은 베짱이의 노래).

⇨ 개미, 베짱이 퇴장(퇴장 음악에 맞추어 무대 위 뒤편으로 들어간다)

⇨ 해설 등장(등장 음악에 맞추어 무대 앞으로 나와 마이크 앞에 선다)

**해 설** 어느덧 가을이 되었어요. 가을을 개미와 베짱이는 어떻게 보냈을까요?

⇨ 해설 퇴장(퇴장 음악에 맞추어 무대 위 뒤편으로 들어간다)

⇨ 개미, 베짱이 등장(등장 음악에 맞추어 입장하여 무대 양편에 선다)

## 베짱이의 놀림

차은진 작사 · 작곡

⇨ 각자의 부분을 나눠 부른 후 다 같이 〈베짱이의 놀림〉 노래를 부른다.

⇨ 개미, 베짱이 퇴장(퇴장 음악에 맞추어 무대 위 뒤편으로 들어간다)

⇨ 해설 등장(등장 음악에 맞추어 무대 앞으로 나와 마이크 앞에 선다)

**해 설** 무더운 여름이 가고, 낙엽이 떨어지는 가을이 가고, 흰 눈이 펑펑 내리는 겨울이 왔어요. 개미는 따뜻한 집에서 즐겁게 놀고 있고, 베짱이는 갈 곳이 없어 헤매고 있었어요.

⇨ 해설 퇴장(퇴장 음악에 맞추어 무대 위 뒤편으로 들어간다)

⇨ 개미, 베짱이 등장(등장 음악에 맞추어 입장하여 무대 양편에 선다)

베짱이 : 저기 개미네 집이 있구나.

## 똑똑똑

차은진 작사 · 작곡

- 각자의 부분을 나눠 부른 후 〈똑똑똑〉을 돌림 노래로 부른다.
- 먼저 베짱이가 똑똑똑 열어 주세요를 부르면, 개미가 똑똑똑 열어 주세요를 따라 부른다. 개미가 똑똑똑 열어 주세요를 부를때, 베짱이는 똑똑똑 베짱이에요라고 부른다.
- 이런 식으로 전체 4마디를 나눠서 부르며, 2마디씩 돌림 노래로 부른다.
- 다 같이 말하기 : 개미는 베짱이를 집으로 맞이해서 함께 살았답니다.

## 단위 활동 계획안

| 활동 제목 | 개미와 과자 |
|---|---|
| 활동 유형 | 수 활동 |
| 활동 목표 | • 사물을 1 : 1로 대응할 수 있다.<br>• 친구와 음식을 나누어 먹을 수 있다. |
| 준 비 물 | 개미 모형 3개, 과자(아이들 수보다 충분히 많게) |
| 활동 방법 | 내 용 |
| 도 입 | • 개미 모형과 과자를 제시한다.<br>- 아휴~ 배고파! 어디 먹을 것 없나?(개미 모형 제시).<br>- 배가 고픈 개미가 먹을 것을 찾고 있네.<br>- 어~ 여기 과자가 떨어져 있네!(과자 그릇 제시).<br>- 과자가 모두 몇 개 있을까?<br>- 개미 한 마리가 들고 가기엔 과자가 너무 많네. 다른 친구들을 불러와야지. 친구 개미 몇 마리가 필요할까? |
| 전 개 | • 개미와 과자를 짝지어 준다.<br>- 누가 나와서 개미가 과자를 들고 갈 수 있게 과자 1개와 개미 1마리씩 짝지어 줄까?<br>• 과자와 아이들을 짝지어 준다.<br>- 이번엔 친구들이 개미가 되어 과자를 가지고 갔으면 좋겠어. 우리 반 친구들이 모두 1개씩 과자를 가지려면 과자가 몇 개 있어야 할까?<br>- 누가 나눠 줘 볼까?<br>- 몇 개씩 나누었니? 몇 개가 남았니? |
| 평 가 | • 1~10까지 수 세기를 한 후 줄서기 숫자에 한 명씩 줄을 선다.<br>- 친구들 모두에게 과자가 하나씩 돌아갔네요. 모두 1개씩 과자를 갖게 됐어. 우리 같이 우리 반 친구들이 몇 명인지 세어 볼까?<br>- 이제 한 명씩 숫자 앞에 서 보도록 하자. |

| 활동 제목 | 마블링 개미 |
|---|---|
| 활동 유형 | 미술 활동 |
| 활동 목표 | 개미의 생김새와 특징을 알고, 미술 재료와 마블링 기법을 이용해 표현해 본다. |
| 준 비 물 | 개미(살아 있는 것을 통에 담아 제시), 원형 종이, 마블링 물감, 스팽글, 사인펜(네임펜), 흰 도화지, 풀 |
| 활동 방법 | 내 용 |
| 도 입 | • 개미의 생김새에 대해 이야기를 나눈다.<br>- 새로운 친구가 여러분을 찾아왔어요(검은 천을 씌운 통을 제시한다). 어떤 친구일까? 소리를 들으니 어떠니?<br>- 어떤 친구인지 함께 볼까?<br>- 그래, 개미 친구가 우리 반을 찾아왔어. 어~ 여기 있는 개미가 먹이를 나르고 있네. 무엇으로 나르고 있을까?<br>- 개미와 우리가 같은 것은 무엇이 있을까?<br>- 그럼 다른 것은 무엇일까?<br>- 그래, 너희들의 얘기처럼 개미는 머리에 뿔처럼 생긴 더듬이가 있고 다리가 너희들보다 많아. 개미의 다리는 몇 개일까? |
| 전 개 | • 개미를 표현해 본다.<br>- 개미의 모습을 어떻게 표현할 수 있을까?<br>- 그리는 방법이 있지만, 오늘은 다른 방법으로 해 봤으면 해. 이 동그란 종이를 이용해 어떻게 개미를 표현할 수 있을까?<br>• 마블링 물감을 원형 종이에 묻힌다.<br>- 여기 있는 마블링 물감을 물에 풀었더니 어떻게 됐을까?<br>- 여기에 있는 물감은 기름이 섞여 있어. 기름은 물을 싫어해 물과 섞이질 못해. 그럼 여기에 종이를 담그면 어떻게 될까?<br>- 어떻게 되나 담가 보자.<br>• 마블링 종이 3개를 붙이고 개미의 특징을 표현한다.<br>- 자, 여기 흰 종이에 마블링 종이를 붙이고 개미를 표현해 보도록 하자.<br>- 어~ 더듬이 위에 동그라미가 있네?<br>- ○○이가 개미를 자세히 보았네. 그럼 여기에 스팽글을 붙여서 동그라미를 더 크게 만들어 볼까? |
| 평 가 | • 만들어진 개미를 게시판에 붙이며 무슨 생각을 했는지 이야기를 나눈다.<br>- 친구들이 만든 개미들이 어디에 있었으면 좋겠어?<br>- 개미집에 개미들이 모여 있네. 여기 있는 개미들은 무슨 생각을 할까? |

| 활동 제목 | 어느 베짱이가 멀리 뛰나? |
|---|---|
| 활동 유형 | 신체 표현 |
| 활동 목표 | • 베짱이의 움직임에 대해 알고, 이를 몸으로 표현해 본다.<br>• 대근육 발달 및 협응을 돕는다. |
| 준 비 물 | 베짱이 동영상 자료, 베짱이 머리띠 5~6개 |
| 활동 방법 | 내 용 |
| 도 입 | • 동영상을 통해 베짱이의 움직임을 살핀다.<br>- 베짱이를 잘 보았니?<br>- 베짱이를 보니까 여러 가지 움직임이 있었지? 적이 나타났을 때 어떻게 움직였지?<br>- 베짱이는 먹이를 잡을 때 풀이 움직일 정도로 팔짝 뛰었어.<br>- 배짱이가 움직일 때 가장 많이 사용한 발은 어느 발일까?<br>- ○○이는 앞발을 많이 사용했다고 생각하는구나. 왜 그렇게 생각했니?<br>- 멀리 뛰려면 어느 발에 힘을 주어야 할까? |
| 전 개 | • 자유롭게 베짱이처럼 움직여 본다.<br>- 그럼 우리가 베짱이가 되어 움직여 볼까?<br>- 베짱이가 먹이를 잡으러 가고 있어. 베짱이의 적이 나타났어.<br>- 베짱이 운동회가 열렸어. 높이뛰기와 멀리뛰기를 한대. 누가 가장 높이, 멀리 뛸까?<br>- 높이 뛰려면 어떻게 해야 할까?<br>- 베짱이처럼 멀리 뛰려면 어떻게 움직여야 할까?<br>• 선을 정하고 멀리 뛰어 본다(소그룹으로 베짱이 머리띠를 쓰고 베짱이처럼 흉내를 내 본다).<br>- 여기 선에서부터 가장 멀리 뛰려면 어떻게 해야 할까? |
| 평 가 | • 베짱이처럼 움직인 것을 평가해 본다.<br>- 베짱이처럼 움직여 보니 기분이 어땠니?<br>- 어떻게 했을 때 가장 멀리 갔을까?<br>- 그래, 우리가 멀리 뛰려면 손을 많이 흔들어 주고 다리에 힘을 주며 앞을 쳐다보고 뛸 때가 가장 멀리 갈 수 있었단다. |

# 사자와 생쥐

## 주제설정동기

강한 사자와 약한 생쥐라는 대비되는 설정에서 아무리 강한 것이라 할지라도 약점이 있고, 아무리 약한 것이라도 강점이 있다는 것에 교육적 의의를 두어 본 주제를 선정하였습니다.

노래극에는 커다란 사자와 작은 생쥐가 등장하는데, 각 동물에게 맞는 말과 행동을 몸으로 표현해 봄으로써 사자와 생쥐의 모습과 움직임에 대해 유아가 효과적으로 이해할 수 있습니다.

또한 사자가 그물에 걸리거나 생쥐가 그물을 끊는 과정은 유아에게 호기심을 유발하는 요소로, 유아가 신체를 조절하여 몸으로 표현하기에 적합한 이야기입니다.

## 주제망 구성

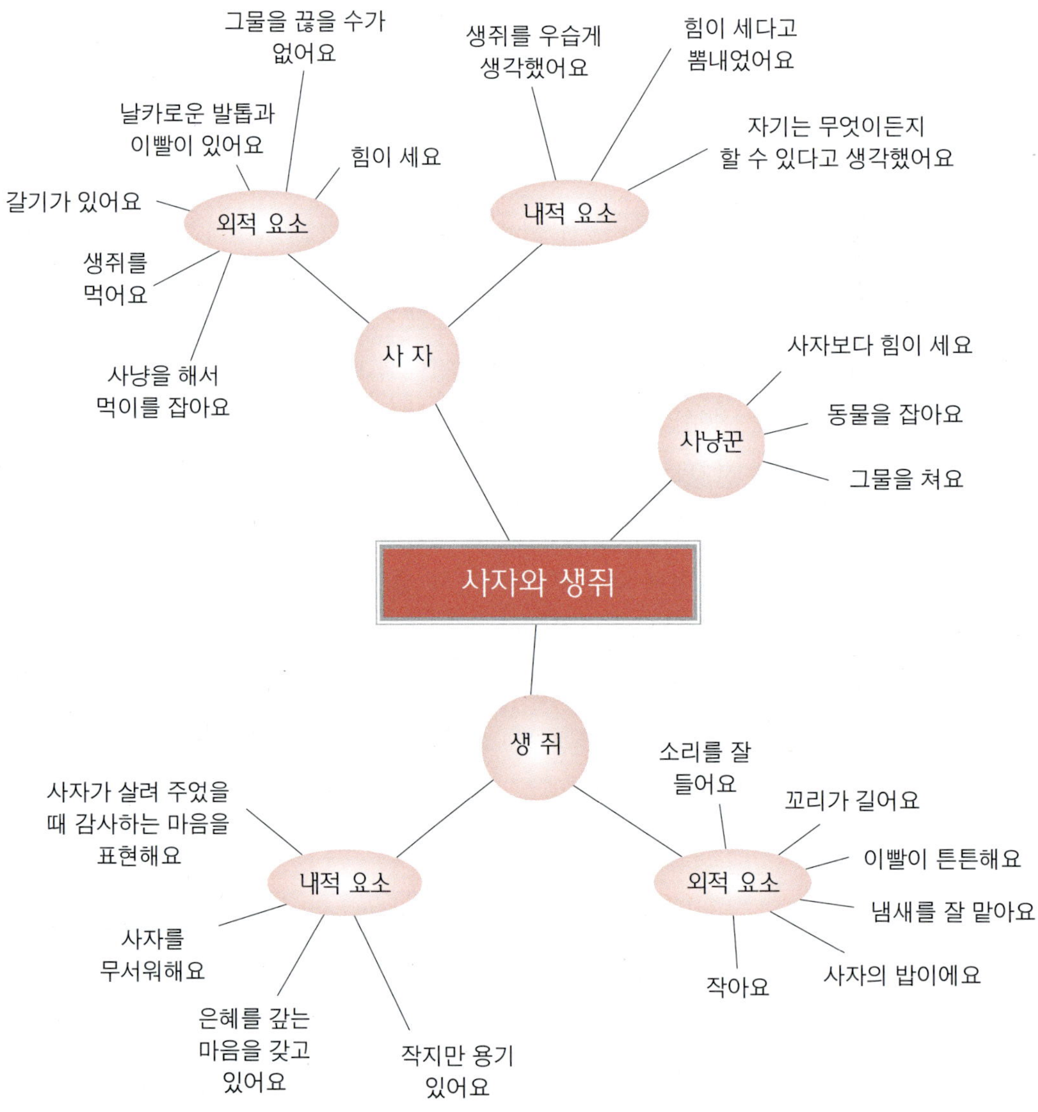
사자와 생쥐
사 자
외적 요소
그물을 끊을 수가 없어요
날카로운 발톱과 이빨이 있어요
힘이 세요
갈기가 있어요
생쥐를 먹어요
사냥을 해서 먹이를 잡아요
내적 요소
생쥐를 우습게 생각했어요
힘이 세다고 뽐내었어요
자기는 무엇이든지 할 수 있다고 생각했어요
사냥꾼
사자보다 힘이 세요
동물을 잡아요
그물을 쳐요
생 쥐
내적 요소
사자가 살려 주었을 때 감사하는 마음을 표현해요
사자를 무서워해요
은혜를 갚는 마음을 갖고 있어요
작지만 용기 있어요
외적 요소
소리를 잘 들어요
꼬리가 길어요
이빨이 튼튼해요
냄새를 잘 맡아요
사자의 밥이에요
작아요

## 줄거리

어느 여름, 사자는 커다란 나무 밑에서 낮잠을 자고 있었어요. 그때 어디선가 부스럭거리는 소리가 나서 눈을 떠 보니 생쥐 한 마리가 사자가 있는 줄도 모르고 그의 앞에서 장난을 치고 있는 것이었어요.
사자는 앞발을 들어 생쥐의 꼬리를 덥썩 잡아 버렸어요. 놀란 생쥐는 벌벌 떨었고, 사자에게 살려 달라고 애원했어요. 사자는 애원하는 생쥐를 살려 주기로 했어요.
생쥐는 고마워 하며 "사자님 꼭 은혜를 갚겠어요."라고 말했지만, 사자는 "너같이 조그만 생쥐가 은혜를 갚는다고?"라며 코웃음쳤어요.

다음날 사자는 고픈 배를 움켜쥐고 사냥을 하기 시작했어요. 그러다 그만 사냥꾼이 쳐 놓은 그물에 걸리고 말았습니다. 사자는 자신의 신세가 화가 나 으르렁거렸어요. 그런 사자의 으르렁거리는 소리를 듣고 생쥐가 달려왔어요.
생쥐는 사자가 어떻게 할 수 없는 그물을 강한 이빨로 끊어서 사자를 살려 주었어요. 사자는 생쥐가 자기를 구해 주자 생쥐는 작고 보잘것없다고 생각한 것이 너무 부끄러웠어요.

## 시나리오

- 다 같이 입장
- 다 같이 인사 : 일어서기-차렷-인사-자리에 앉기
- 다 같이 말하기 : 제목 사자와 생쥐
- 해설 등장(등장 음악에 맞추어 무대 앞으로 나와 마이크 앞에 선다)

**해설** 무더운 여름, 해님이 쨍쨍할 때 사자는 커다란 나무 밑 시원한 그늘 아래서 낮잠을 자고 있었어요. 그때 어디선가 부스럭거리는 소리가 들리는 거예요.

- 생쥐 등장(해설 발 아래에 앉아 있는다)

**해설** 바로 생쥐가 사자가 있는 줄도 모르고 왔던 거지요. 사자는 실눈을 살짝 뜨고, 생쥐를 보다가 발로 생쥐의 꼬리를 콱 잡았어요.

### 사자와 생쥐

차은진 작사 · 작곡

다 같이 노래

- 해설 퇴장(퇴장 음악에 맞추어 무대 위 뒤편으로 들어간다)

사자 등장(생쥐와 사자가 무대 양편에 선다)

사자 : 감히 누가 나의 낮잠을 깨우는 거야?

생쥐 : 사자님, 사자님! 잘못했어요. 살려 주세요.

## 살려 주세요

차은진 작사 · 작곡

사자 : 하하하~ 너같이 조그만 생쥐가 무슨 은혜를 갚는다고. 됐다! 지금 배도 부르니 빨리 집에나 가라.

생쥐 : 감사합니다! 감사합니다!

생쥐 퇴장(퇴장 음악에 맞추어 무대 위 뒤편으로 들어간다)

사자 퇴장(퇴장 음악에 맞추어 무대 위 뒤편으로 들어간다)

➪ 해설 등장(등장 음악에 맞추어 무대 앞으로 나와 마이크 앞에 선다)

**해 설** 사자는 생쥐를 보내 주고는 사냥을 하기로 했어요. 두리번 두리번~ 뭐 먹을 것이 없나? 그때였어요. 어디선가 그물이 날아와서는 사자를 덮쳐 버렸답니다.

➪ 해설 퇴장(퇴장 음악에 맞추어 무대 위 뒤편으로 들어간다)

➪ 사자 등장(등장 음악에 맞추어 입장한다)

## 그물에 걸렸네

차은진 작사 · 작곡

사자 : 아이쿠, 이를 어쩌나. 아이쿠, 이를 어쩌나…….

➩ 사자가 몸부림치는 동안 다 같이 〈사자가 갇혀 버렸네〉 노래를 부른다.

### 사자가 갇혀 버렸네

차은진 작사 · 작곡

다 같이 노래

➩ 생쥐 등장(등장 음악에 맞추어 입장한다)

## 구해 드릴게요

차은진 작사 · 작곡

생쥐 : 내 튼튼한 이빨로 그물을 끊어 드릴게요. 조금만 기다리세요.

사자 : 생쥐야 고마워, 네가 나를 도와주었구나.

생쥐 : 사자님! 다행이에요. 도와드릴 수 있어서요.

사자 : 고마워.

➪ 생쥐 퇴장(퇴장 음악에 맞추어 무대 위 뒤편으로 들어간다)

➪ 사자 퇴장(퇴장 음악에 맞추어 무대 위 뒤편으로 들어간다)

➪ 해설 입장(등장 음악에 맞추어 무대 앞으로 나와 마이크 앞에 선다)

**해 설** 그물에 잡혔던 사자는 작지만 튼튼한 이빨을 가지고 있던 생쥐의 도움으로 살아날 수 있었답니다.

➪ 해설 퇴장(퇴장 음악에 맞추어 무대 위 뒤편으로 들어간다)

➪ 다 같이 〈사자와 생쥐〉 노래를 부르며 극이 끝난다.

## 단위 활동 계획안

| 활동 제목 | 다양한 모양의 사자와 생쥐 만들기 |
|---|---|
| 활동 유형 | 미술 활동 |
| 활동 목표 | 기본 도형을 이용하여 원하는 대상을 자유롭게 구성하여 표현해 본다. |
| 준 비 물 | 여러 가지 모양의 색종이, 색연필이나 연필, 사자와 생쥐 사진 |
| 활동 방법 | 내 용 |
| 도 입 | • 사자의 사진을 보고 단순한 도형으로 모양화시킨다.<br>-「모양나라에서 온 도깨비」 동화를 듣는다.<br>- 모양 도깨비를 피해서 모양 친구들이 사자에게 숨었어. 어떤 모양이 숨었을까?<br>- 사자와 생쥐의 사진에서 모양을 찾아본다. |
| 전 개 | • 여러 가지 도형을 이용하여 만든 사자와 생쥐를 보고 자신은 어떤 도형과 색깔을 이용하여 사자와 생쥐를 만들지 구성한다.<br>- 친구들이 만든 여러 가지 모양의 사자와 생쥐가 있어.<br>- 여러 가지 다양한 색과 모양, 크기가 다른 종이로 꾸민 사자와 생쥐를 보여 준다.<br>- 너희들 집에 모양 사자가 놀러 온다면 어떤 모양의 사자가 놀러 왔으면 좋겠어?<br>- 그때 같이 온 생쥐는 어떤 모양일까?<br>- 왜 그런 모양이었으면 좋겠니?<br>• 여러 가지 색깔 도형을 이용하여 모양을 꾸민다.<br>- 여러 가지 모양, 색, 크기의 도형을 선택하여 사자와 생쥐를 꾸며 본다. |
| 평 가 | • 서로의 작품을 감상한다.<br>- 친구들이 만든 작품을 감상하며 자신의 느낌을 이야기해 볼까? |

<table>
<tr><td>활동 제목</td><td>사자가 생쥐에게</td></tr>
<tr><td>활동 유형</td><td>언어 활동</td></tr>
<tr><td>활동 목표</td><td>자신의 생각을 말로 표현할 수 있다.</td></tr>
<tr><td>준 비 물</td><td>「사자와 생쥐」 상황 그림, 색연필</td></tr>
<tr><td>활동 방법</td><td>내 용</td></tr>
<tr><td>도 입</td><td>• 동화의 내용을 회상한다.<br>- 「사자와 생쥐」 동화 내용을 기억하니?<br>- 친구들에게 어떤 이야기였는지 말해 줄 수 있니?</td></tr>
<tr><td>전 개</td><td>• 장면을 보며 이야기한다.<br>- 「사자와 생쥐」 동화를 듣고 그린 그림을 살펴보며 동화의 내용을 회상한다.<br>- 사자와 생쥐가 처음에는 어떻게 만났니?<br>- 둘에게 어떤 일이 일어났니?<br>- 사자가 사냥꾼의 그물에 걸렸을 때는 어떤 일이 있었니?<br>• 자신의 생각을 이야기한다.<br>- 동화 중에 한 가지 상황에 대한 그림을 보여 준다.<br>- 어떤 장면인 것 같니?<br>(예: 사자가 생쥐를 잡는 장면 등)<br>- 사자의 생각은 어떠했을 것 같아?<br>- 생쥐의 기분은 어떠했을까?<br>- 생쥐는 속으로 어떤 생각을 했을까?<br>- 생쥐가 살려 달라고 했을 때 사자는 어떤 생각을 했을까?<br>- 친구들이 생쥐라면 무엇이라고 말했을 것 같아?<br>- 친구들이 사자라면 뭐라고 얘기했을까?<br>• 자리에 가서 말풍선 칸에 각자의 생각을 적는다.</td></tr>
<tr><td>평 가</td><td>• 친구들의 생각을 들어 보고 서로 이야기를 나눈다.<br>- 모두 한자리에 모인다.<br>- 다른 친구는 어떤 생각을 했는지 알아볼까?<br>- 친구들이 쓴 글을 읽은 후 서로의 생각을 말해 볼까?</td></tr>
</table>

| 활동 제목 | 내가 만약 사자라면? |
|---|---|
| 활동 유형 | 신체 표현 |
| 활동 목표 | 자신의 신체를 조절하여 동화 속 사자의 모습을 자유롭게 표현해 본다. |
| 준 비 물 | 경쾌한 음악, 사자의 울음소리 테이프, 여러 상황 그림 |
| 활동 방법 | 내 용 |
| 도 입 | • 간단한 체조로 몸을 푼다.<br>- 강당(넓은 장소)에 내려간다.<br>- 손 털기, 허리 돌리기, 목 돌리기 등을 통해 신체를 간단하게 풀어 준다. |
| 전 개 | • 사자의 움직임에 대해 이야기를 나눈다.<br>- 사자의 울음소리를 들어 본다.<br>- 어떤 소리 같니?<br>- 사자가 어떤 얘기를 할 때의 소리일까?<br>- 그때 사자는 어떻게 행동을 했을 것 같니?<br>- 너희들도 화가 났을 때, 또는 슬플 때의 행동이 다른 것처럼 사자도 그때그때의 행동이 다를 거야.<br>• 각 상황 그림을 보고 사자의 기분을 동작으로 표현해 본다.<br>- 사자는 어떻게 행동했을까?<br>• 친구의 동작을 보고 어떤 때의 사자의 움직임인지 맞춰 본다.<br>- 친구들 중에 한 명이 나와서 사자의 움직임을 표현해 보면, 어떤 때의 사자인지 맞춰 본다. |
| 평 가 | • 친구들의 동작을 다시 한번 생각해 보며, 잘했던 점과 좀 더 다르게 표현했으면 하는 점을 이야기한다.<br>- 친구들 중에 누구의 동작이 가장 알기 쉬웠니?<br>- 왜 어떤 상황이었기에 알기 쉬웠을까?<br>- 그럼 누구의 동작이 가장 알기 어려웠니?<br>- 왜 어려웠을까?<br>- 나라면 어떻게 표현했을까?<br>- 친구들의 동작에서 재미있었던 표현에 대해 말해 볼까? |

# 해님과 바람

## 주제선정동기

「해님과 바람」 동화는 해와 바람이 의인화된 이야기로 물환론적 사고를 하는 유아에게 흥미를 유발하여 노래극으로 표현하기에 적합하여 이를 노래극의 주제로 선정하였습니다. 또한 해와 바람은 유아의 일상생활에서 매일 볼 수 있는 환경으로 지속적으로 관심을 갖고 활동을 전개하기에 적합한 주제입니다.

특히 「해님과 바람」은 '환경과 생활'과 관련된 주제로 진행되는데, 유아가 날씨에 대해 관심을 가질 수 있고 날씨의 이해도를 높이기에 적합한 동화라고 생각하여 이를 주제로 선정하게 되었습니다.

# 주제망 구성

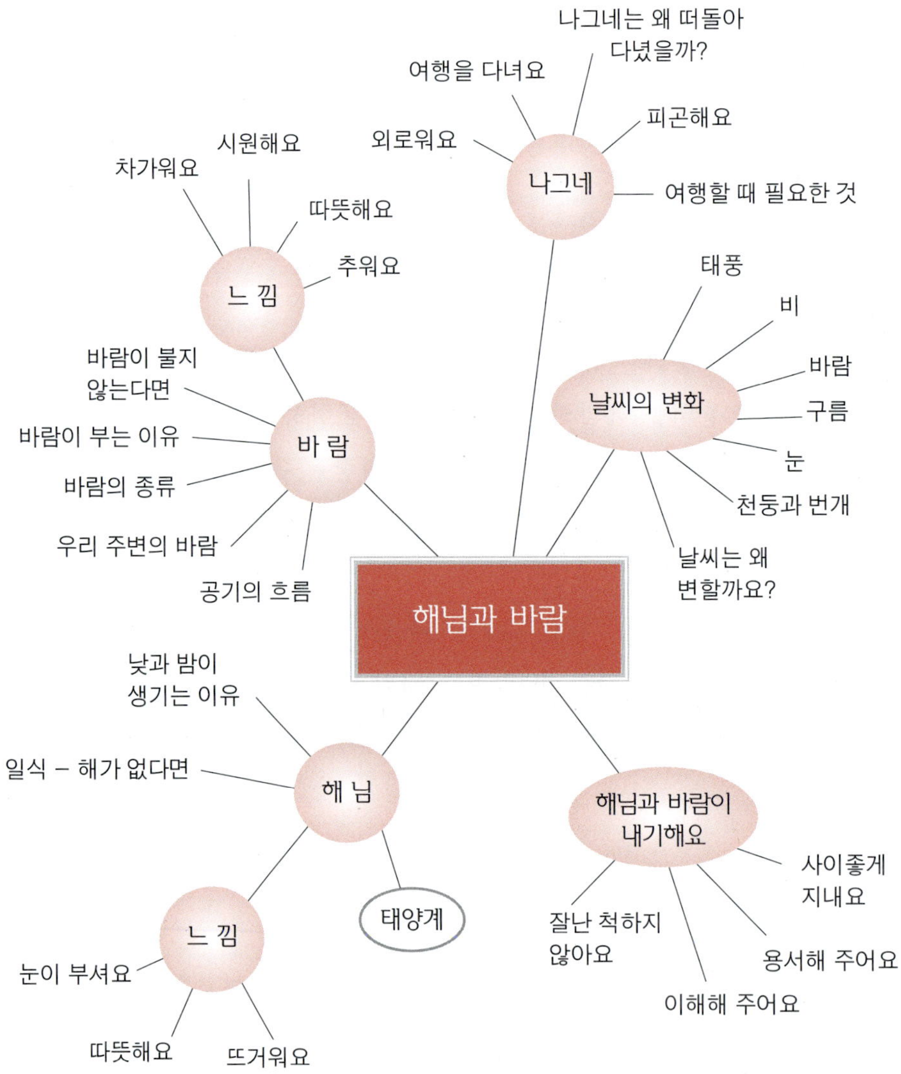
해님과 바람
나그네
나그네는 왜 떠돌아 다녔을까?
여행을 다녀요
외로워요
피곤해요
여행할 때 필요한 것
느 낌
차가워요
시원해요
따뜻해요
추워요
바 람
바람이 불지 않는다면
바람이 부는 이유
바람의 종류
우리 주변의 바람
공기의 흐름
날씨의 변화
태풍
비
바람
구름
눈
천둥과 번개
날씨는 왜 변할까요?
해 님
낮과 밤이 생기는 이유
일식 – 해가 없다면
태양계
느 낌
눈이 부셔요
따뜻해요
뜨거워요
해님과 바람이 내기해요
사이좋게 지내요
용서해 주어요
이해해 주어요
잘난 척하지 않아요

## 줄거리

어느 날 해님과 바람이 서로 힘이 세다고 자랑을 하고 있었어요.

바람이 자기가 힘이 더 세다며 자랑을 하자, 해님은 마침 지나가는 나그네의 옷을 벗기는 내기를 하자고 했어요. 바람은 자기가 먼저 나그네의 옷을 벗기겠다고 자신 있게 이야기하고 세게 바람을 불었지만 나그네는 오히려 자기의 옷이 날아갈까 봐 더 세게 옷을 잡았어요. 바람 불기에 지친 바람은 포기해 버렸어요.

그러자 옆에 있던 해님이 이번에는 자기가 나그네의 옷을 벗기겠다고 이야기했어요. 그리고는 나그네에게 햇빛을 쨍쨍 계속해서 내리쬐었어요. 나그네는 땀을 흘리며 쓰고 있던 모자를 벗었어요. 해님이 더욱더 세게 햇빛을 쨍쨍 내리쬐자 결국 나그네는 옷을 하나씩 하나씩 벗기 시작하더니 결국에는 옷을 다 벗고 근처에 있던 연못 속으로 풍덩 뛰어들고 말았어요.

내기에 지게 된 바람은 부끄러워서 슬쩍 도망치고 말았답니다.

## 시나리오

- 다 같이 입장
- 다 같이 인사 : 일어서기-차렷-인사-자리에 앉기
- 다 같이 말하기 : 제목 해님과 바람
- 해설 등장(등장 음악에 맞추어 무대 앞으로 나와 마이크 앞에 선다)

**해설** 어느 날, 바람과 해님이 서로 힘자랑을 하고 있었습니다. 그때 마침, 언덕 위를 걷고 있는 나그네가 보였어요. 어떻게 되었을까요? 함께 지켜봐 주세요.

- 해설 퇴장(퇴장 음악에 맞추어 무대 위 뒤편으로 들어간다)

### 해님과 바람이 내기하네

차은진 작사 · 작곡

➩ 바람 등장(등장 음악에 맞추어 무대 왼쪽으로 입장한다)

➩ 해님 등장(등장 음악에 맞추어 무대 오른쪽으로 입장한다)

바람 : 내가 힘껏 불면 무엇이든지 날려 버릴 수 있어. 후~.

해님 : 그럼 우리 중에 누가 힘이 더 센지 내기를 해 볼까?

바람 : 그래, 좋아! 무슨 내기를 할까?

해님 : 저기 가는 나그네의 옷을 벗기는 거야.

바람 : 내가 먼저 할게.

해님 : 좋아.

➩ 해님 퇴장(퇴장 음악에 맞추어 퇴장하고, 바람은 무대 한편에 선다)

➩ 나그네 등장(등장 음악에 맞추어 무대로 입장한다)

나그네 : 정말 날씨가 좋군. 여행하기에 좋은 날씨야.

## 햇볕은 쨍쨍

차은진 작사 · 작곡

나그네 : 잠깐 여기서 쉬어 갈까? (음악에 맞춰 무대 옆으로 이동하여, 나무 앞에 앉는다)

➩ 다 같이 〈햇볕은 쨍쨍〉 노래 후 바로 바람 노래 〈내가 먼저 할 테야!〉를 부른다.

## 내가 먼저 할 테야!

차은진 작사 · 작곡

바람 노래

바람 : 한 번에 벗길 수 있다구. (배에 힘을 주고) 후~.

➩ 음향 : 바람이 '후~' 할 때 약한 바람 소리를 튼다.

나그네 : 갑자기 웬 바람이지? (나그네 옷을 꽉 잡는다)

바람 : 좀 더 세게 불어 볼까?

➩ 음향 : 강한 바람 소리를 튼다.

나그네 : (몸을 움츠리며 모자를 손으로 잡는다) 모자가 날아가겠는걸. (나그네 무대 옆으로 이동한다)

바람 : 이런~ 소용없네.

➩ 바람 퇴장(퇴장 음악에 맞추어 무대 위 뒤편으로 들어간다)

## 햇볕은 쨍쨍

차은진 작사 · 작곡

나그네 노래

⇨ 나그네는 무대 반대쪽으로 이동한다.

⇨ 해님 등장(등장 음악에 맞추어 입장한다)

해님 : 이번엔 내가 해 볼게!(손을 들어 흔들며 비추는 동작을 한다)

⇨ 음향 : 햇볕 느낌의 음악을 약하게 튼다.

**내가 해 볼 테야!**

차은진 작사 · 작곡

나그네 : 아휴, 더워! 갑자기 날씨가 왜 이러지?(부채질을 한다)

해님 : 이번에는 내가 이긴 거나 마찬가지야.

⇨ 음향 : 햇볕 느낌의 음악을 강하게 튼다.

나그네 : 정말 이상한 날씨야. 더워서 못 견디겠군!(옷을 벗어 어깨에 맨다)

⇨ 나그네 퇴장(퇴장 음악에 맞추어 무대 위 뒤편으로 들어간다)

➪ 해설 등장(등장 음악에 맞추어 무대로 입장한다)

**해 설** 뽐내던 바람은 슬그머니 사라지고 해님은 내기에서 이기게 되었답니다.

## 해님이 이겼다

차은진 작사 · 작곡

다 같이 노래

➪ 다 같이 인사 : 일어서기-차렷-인사

➪ 다 같이 퇴장(퇴장 음악에 맞추어 무대 뒤로 들어간다)

## 단위 활동 계획안

| 활동 제목 | 입으로 불어서 표현해요 |
|---|---|
| 활동 유형 | 미술 활동 |
| 활동 목표 | 물감을 입으로 불어 퍼뜨리는 표현 기법을 이용하여 작품을 만들어 본다. |
| 준 비 물 | 물감, 빨대, 스케치북 |
| 활동 방법 | 내 용 |
| 도 입 | • 빨대와 물감을 보여 주면서 이야기를 나눈다.<br>- 선생님이 무엇을 가지고 왔니?<br>- 이 빨대와 물감으로 너희들과 재미있는 미술 활동을 할 거야. 무엇을 할 수 있을까? |
| 전 개 | • 활동 방법을 알아 본다.<br>- 선생님이 여러 색의 물감을 준비해 가지고 왔어.<br>- 이 물감 중에서 너희들이 좋아하는 물감을 2~3가지 골라서 스케치북에 뿌려 주는 거야. 빨대를 이용해서 물감을 부는 거예요.<br>• 자유 선택 활동 중에 4~5명씩 소그룹으로 활동을 한다.<br>- 물감이 바람에 움직이며 무엇을 표현한 것 같니? |
| 평 가 | • 활동이 끝난 후 대집단 장소에 모여 감상한다.<br>- 너희들이 만든 작품이란다. 작품을 하나씩 보면서 어떤 느낌인지 이야기해 볼까? |

| 활동 제목 | 해님을 잡아라 |
| --- | --- |
| 활동 유형 | 게임 활동 |
| 활동 목표 | • 해님과 바람에 관심을 갖는다.<br>• 주어진 공간을 활용하여 몸을 움직일 수 있다. |
| 준 비 물 | 해님 가면, 바람 가면 |
| 활동 방법 | 내 용 |
| 도 입 | • 게임을 설명한다.<br>- 여기에 어떤 가면이 있니?<br>- 이 가면으로 어떤 게임을 할 수 있을까? |
| 전 개 | • 동그라미 대열로 앉는다.<br>• 게임 방법을 설명한다.<br>- 너희들 중에 2~3명이 술래가 되어 이 바람 가면을 쓰는 거란다. 그러면 다른 친구들은 해님이 되겠지?<br>- 해님 친구들은 바람 친구들이 잡지 못하도록 계속 도망을 다녀야 되는 거야.<br>- 잡힌 친구는 동그라미 안에 와서 앉아 있는 거란다.<br>• 게임 규칙을 정한다.<br>- 이 게임을 하기 위해선 어떤 약속이 필요할까?<br>• 유아 2명이 나와 시범을 보인다.<br>• 게임을 진행한다. |
| 평 가 | • 게임에 대한 느낌을 이야기해 본 후 평가를 한다.<br>- 게임을 하고 나니까 느낌이 어땠니?<br>- 약속을 잘 지켰니? 어떤 약속이 지키기 힘들었니? |

| 활동 제목 | 흑점 살펴보기 |
|---|---|
| 활동 유형 | 과학 활동 |
| 활동 목표 | 태양의 흑점을 살펴보고 흑점이 생기는 이유에 대해 알아본다. |
| 준 비 물 | 흑점이 그려진 사진이나 그림 |
| 활동 방법 | 내 용 |
| 도 입 | • 태양에 대해 이야기를 나눈다.<br>- 태양은 어떻게 생겼니?<br>• 흑점은 눈으로 볼 수 없고 특수 망원경이 필요함을 이야기한다. |
| 전 개 | • 태양에 흑점이 있는 그림을 보여 주며 이야기를 나누어 본다.<br>- 태양 안에 무엇이 보이니? 무엇일까?<br>- 이렇게 까맣게 보이는 곳을 흑점이라고 한단다.<br>• 흑점이 생기는 이유에 대해 생각해 본다.<br>- 왜 다른 곳과 색이 다를까?<br>- 왜 까맣게 보일까? |
| 평 가 | • 흑점이 생기는 이유에 대해 이야기해 준다.<br>- 태양은 아주 뜨거운데 다른 곳보다 이 흑점이 온도가 조금 낮기 때문에 우리 눈에 까맣게 보이는 거란다. |

| 활동 제목 | 소리를 듣고 몸으로 표현해요 |
|---|---|
| 활동 유형 | 신체 표현 |
| 활동 목표 | 소리를 듣고 난 후의 느낌을 몸으로 다양하게 표현해 본다. |
| 준 비 물 | 여러 가지 효과음이 담긴 테이프(바람 소리, 햇볕의 느낌을 나타낸 소리) |
| 활동 방법 | 내 용 |
| 도 입 | • 테이프에 담긴 여러 가지 소리를 들려준다.<br>- 선생님이 이 테이프에 여러 소리를 녹음해 왔어.<br>- 어떤 소리인지 잘 들어 보자. |
| 전 개 | • 어떤 느낌이 드는지 이야기해 보고 신체로 어떻게 표현할지 생각해 본다.<br>- 이 소리는 어떤 느낌이 드니? 어떻게 표현하면 좋을까?<br>- 이 소리를 듣고 바람의 모습을 표현한다면 어떻게 할 수 있을까?<br>• 소리를 들으며 몸으로 바람을 표현한다.<br>• 바람 소리를 조금 더 크게 들려준 후 몸으로 표현해 본다.<br>- 바람이 어떻게 부는 것 같니?<br>• 역할별(바람, 해님)로 나와서 소리에 맞추어 여러 동작들을 표현해 본다. |
| 평 가 | • 몸으로 바람과 해님을 표현하니 어떤 기분이 드니?<br>• 친구가 표현한 것 중 기억에 남는 것이 있니? |

| 활동 제목 | 누가 나올까요? |
|---|---|
| 활동 유형 | 미술 활동 |
| 활동 목표 | 동화에 나오는 등장인물을 생각해 보고 만들기로 표현할 수 있다. |
| 준 비 물 | 색 도화지, 크레파스, 색연필, 가위 |
| 활동 방법 | 내 용 |
| 도 입 | •「해님과 바람」 동화에 나오는 등장인물을 생각해 본다.<br>- 우리가 들었던 동화에 누가 나왔었지?<br>- 오늘은 그중에서 나그네를 이 카드에 그려 볼 거야.<br>• 나그네가 나오는 동화책 부분을 빠르게 열고 닫는다.<br>- 동화책 속에서 누가 튀어나올까? |
| 전 개 | • 만드는 방법을 설명한다.<br>- 선생님이 네모난 종이를 준비해 왔어.<br>• 팝업 책을 만드는 방법을 설명해 준다.<br>- 이 책을 열어 보니까 무엇이 나오니?<br>- 이 세모난 부분이 꼭 무엇처럼 생겼니?<br>• 2~3명씩 소그룹으로 활동을 한다.<br>- 종이를 반으로 접어서 선생님이 그려 준 부분만 가위로 살짝 오려 내 보자.<br>- 선생님을 따라서 종이를 접어 볼까?<br>- 펴 보니까 '코' 처럼 생겼지?<br>- 이 부분이 코 같다면 다른 얼굴 부분을 그림으로 그려서 표현해 볼까? |
| 평 가 | • 유아들의 작품을 보여 주며 느낌을 서로 이야기해 본다.<br>- ○○이는 나그네의 표정을 재미있게 표현해 주었구나. |

# 3 전래 동화

## 아기 돼지 삼 형제



### 주제 선정 동기

「아기 돼지 삼 형제」는 유아부터 어른에 이르기까지 널리 알려진 동화로 극적인 내용과 전하고자 하는 주제가 잘 나타나 있어 모든 사람에게 공감과 사랑을 받는 동화입니다. 일상생활에서 없어서는 안 될 집을 짓는 것을 소재로 하여, 반드시 습득해야 할 기본 개념이 그대로 나타나 있기 때문에 생활 주제와도 잘 부합됩니다.

또한 이 동화는 늑대와 돼지 세 마리의 특징이 뚜렷하게 나타나 있어, 역할을 잘 소화하여 극을 수행한다면 동화의 내용을 충분히 이해할 수 있을 것 같아 본 동화를 주제로 선정하였습니다.

# 주제망구성

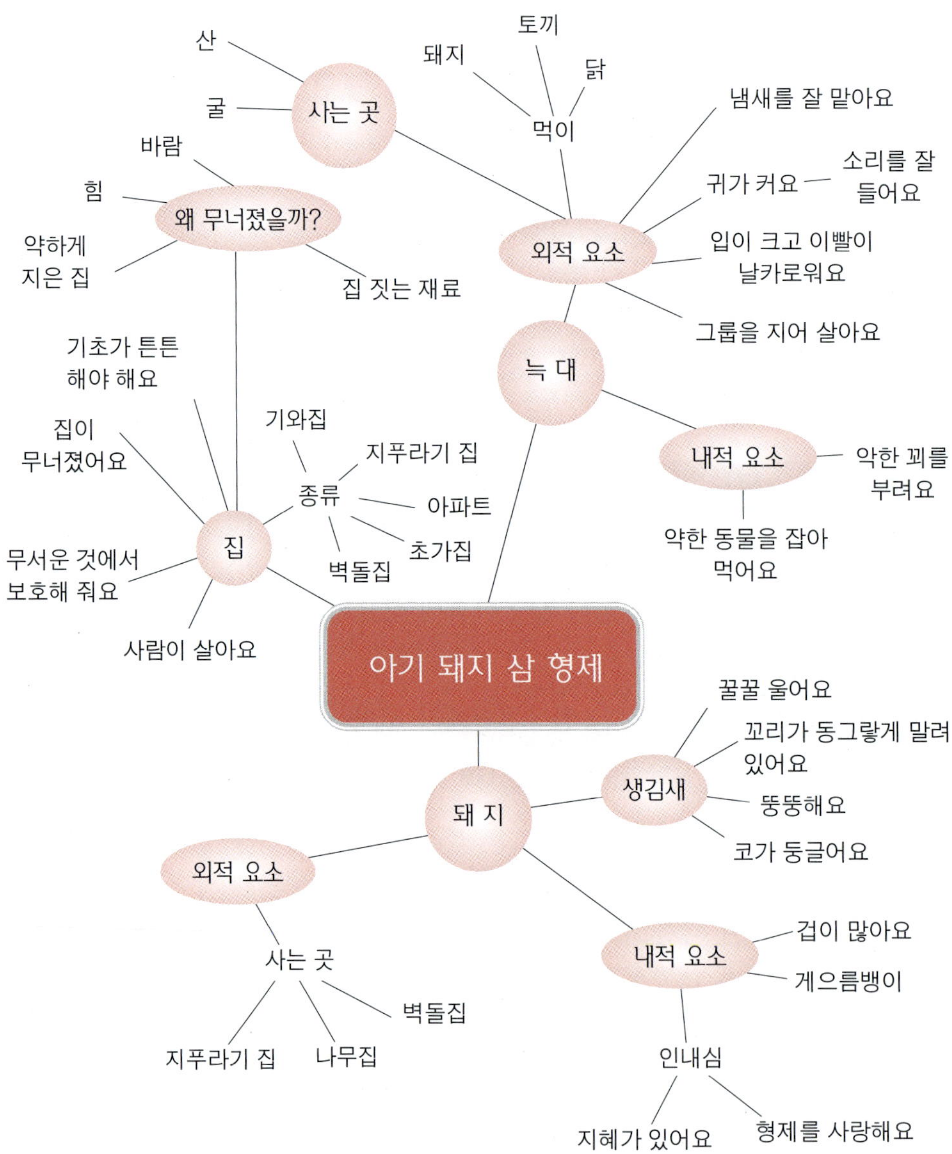
아기 돼지 삼 형제
늑 대
사는 곳
산
굴
먹이
돼지
토끼
닭
외적 요소
냄새를 잘 맡아요
귀가 커요
소리를 잘 들어요
입이 크고 이빨이 날카로워요
그룹을 지어 살아요
내적 요소
약한 꾀를 부려요
약한 동물을 잡아 먹어요
집
왜 무너졌을까?
바람
힘
약하게 지은 집
집 짓는 재료
기초가 튼튼 해야 해요
집이 무너졌어요
종류
기와집
지푸라기 집
아파트
초가집
벽돌집
무서운 것에서 보호해 줘요
사람이 살아요
돼 지
생김새
꿀꿀 울어요
꼬리가 동그랗게 말려 있어요
뚱뚱해요
코가 둥글어요
외적 요소
사는 곳
지푸라기 집
나무집
벽돌집
내적 요소
겁이 많아요
게으름뱅이
인내심
지혜가 있어요
형제를 사랑해요

## 줄거리

옛날 어느 마을에 아기 돼지 삼 형제가 살고 있었어요. 어느 날 아기 돼지 삼 형제는 각자 집을 지어 따로 살기로 결정했어요.

그런데 큰형 돼지는 집을 짓는 것이 너무 귀찮았어요. 그래서 빨리 집을 짓기 위해 지푸라기로 집을 지었어요. 뚝딱뚝딱 금방 집이 완성되었어요.

둘째 돼지는 큰형 돼지가 지은 집이 부서질 것 같아서 나무로 집을 짓기로 했어요. 시간이 조금 더 걸렸지만 나무집도 금세 완성이 되었어요. 집을 모두 지은 큰형 돼지와 둘째 돼지는 막내 돼지를 찾아갔어요. 막내 돼지는 아직 벽돌을 나르고 있었어요. 큰형 돼지와 둘째 돼지는 막내 돼지를 보고 너무 오래 집을 짓는다고 놀리고는 자기들 집으로 돌아갔어요. 막내 돼지는 형들의 놀림에도 불구하고 열심히 집을 지었어요. 오랜 시간이 지난 후 집이 완성되었어요.

그런데 어느 날 배고픈 늑대가 나타났어요. 늑대는 돼지 삼 형제를 발견하고는 잡아먹기로 결심하고 지푸라기 집을 먼저 찾아갔어요. 큰형 돼지는 늑대를 보고 깜짝 놀라 집에 들어갔어요. 하지만 늑대가 숨을 크게 들이쉬고 내쉬니 지푸라기 집은 날아가 버렸어요. 큰형 돼지는 급하게 둘째 돼지네 집으로 도망갔어요. 큰형 돼지와 둘째 돼지는 벌벌 떨고 있었어요. 늑대는 나무집을 보고 코웃음을 치고 나무 집을 향해 달려가 몸을 부딪쳤어요. 처음에 괜찮던 나무집도 한 번, 두 번, 늑대가 부딪쳐서 부수고 말았어요. 두 형 돼지들은 깜짝 놀라 막내 돼지네 집으로 달려갔어요. 두 형 돼지의 말에 막내 돼지는 벽돌집은 튼튼하다고 걱정 말라고 했어요. 드디어 늑대가 왔어요. 늑대가 콧바람을 불고, 몸으로 부딪쳤지만 벽돌집은 끄떡 없었어요. 늑대는 꾀를 내어 굴뚝으로 들어가려고 했어요. 이 모습을 본 돼지들은 굴뚝 밑에 불을 지폈고, 결국 늑대는 멀리 도망가 버렸답니다.

시나리오

# 1 막

- 다 같이 입장
- 다 같이 인사 : 일어서기-차렷-인사-자리에 앉기
- 다 같이 말하기 : 제목 아기 돼지 삼 형제
- 해설 등장(등장 음악에 맞추어 무대 앞으로 나와 마이크 앞에 선다)

**해 설** 옛날에 아기 돼지 삼 형제가 살고 있었어요. 어느 날 아기 돼지 삼 형제는 각자 따로 집을 짓고 살기로 했답니다. 게으른 큰형 돼지, 약삭빠른 둘째 돼지, 지혜로운 막내 돼지가 집을 지었어요. 자, 어떻게 지었을까요?

- 해설 퇴장(퇴장 음악에 맞추어 무대 위 뒤편으로 들어간다)

## 우리는 돼지 삼 형제

차은진 작사 · 작곡

다 같이 노래

➩ 큰형 돼지 등장(등장 음악에 맞추어 입장한다)

큰형 돼지 : 나는 가벼운 지푸라기로 집을 빨리 지어야지.

## 통탕통탕 집을 짓자 1

차은진 작사 · 작곡

※ (    ) 안의 가사는 다 같이 메아리로 따라 부르기를 한다.

➩ 큰형 돼지(음악에 맞추어 집을 짓는 동작을 한 후 무대 옆으로 이동한다)

➩ 늑대 등장(등장 음악에 맞추어 입장한다)

두리번거리며 큰형 돼지를 잡으려는 동작을 한다.

## 늑대 나가신다

차은진 작사 · 작곡

늑대 : 지푸라기 집이네. 이 까짓것 문제 없어. 한 번에 날려 버릴 수 있다구. 후~.

➩ 음향 : 바람 소리와 집이 무너지는 소리(무대 위의 지푸라기 집이 무너진다)

큰형 돼지 : 꿀돼지 살려~!

➩ 큰형 돼지 퇴장(도망가듯 퇴장한다)

➩ 늑대 퇴장(큰형 돼지를 쫓아서 퇴장한다)

➩ 다 같이 〈집이 무너진다〉 노래를 부른다.

## 집이 무너진다

차은진 작사 · 작곡

다 같이 노래

➩ 둘째 돼지 등장(등장 음악에 맞추어 입장한다)

둘째 돼지 : 나는 단단한 나무로 집을 지어야지.

## 통탕통탕 집을 짓자 2

차은진 작사 · 작곡

둘째 돼지 노래

➪ 늑대 등장(등장 음악에 맞추어 입장한다)

늑대 : 어? 나무집이네. 이번에도 집을 무너뜨려야지. 후~. 어? 안 무너지네, 몸을 부딪쳐 볼까? 쿵쿵쿵!!!

➪ 음향 : 집이 무너지는 소리(무대 위의 나무집이 무너진다)

둘째 돼지 : 막내야~ 살려 줘! 늑대가 쫓아와!

➪ 둘째 돼지 퇴장(퇴장 음악에 맞추어 도망가듯 퇴장한다)

➪ 늑대도 쫓아가며 퇴장한다.

➪ 다 함께 〈집이 무너진다〉 노래를 부른다.

## 집이 무너진다

차은진 작사 · 작곡

⇨ 막내 돼지 등장(등장 음악에 맞추어 입장한다)

막내 돼지 : 나는 벽돌로 튼튼한 집을 지어야지.

## 퉁탕퉁탕 집을 짓자 3

차은진 작사 · 작곡

⇨ 늑대 등장(등장 음악에 맞추어 입장한다)

늑대 : 돼지들이 벽돌집에 숨었군. 쿵쿵쿵! (몸을 부딪친다)

어! 끄떡도 없네, 정말 튼튼한 집인걸.

⇨ 늑대 퇴장(퇴장 음악에 맞추어 무대 위 뒤편으로 들어간다)

# 2 막

⇨ 해설 등장(등장 음악에 맞추어 무대 앞으로 나와 마이크 앞에 선다)

**해 설** 늑대는 막내 돼지의 집을 무너뜨리지 못했어요. 왜냐하면 벽돌로 튼튼하게 지었기 때문이에요. 자~ 이제 늑대가 어떻게 막내 돼지의 집으로 들어갈까요?

⇨ 해설 퇴장(퇴장 음악에 맞추어 무대 위 뒤편으로 들어간다)

⇨ 아기 돼지 삼 형제 등장(등장 음악에 맞추어 입장한다)

## 통탕통탕 튼튼한 집

차은진 작사 · 작곡

⇨ 늑대 등장(등장 음악에 맞추어 입장한다)

아기 돼지 삼 형제 : 늑대가 못 오게 굴뚝 아래에 불을 지피자!

늑대 : 옳지! 굴뚝으로 들어가야지.

앗! 뜨거워~!

아기 돼지 삼 형제 : 와~ 살았다!

⇨ 다 같이 인사 : 차렷-인사-차렷

⇨ 다 같이 퇴장(퇴장 음악에 맞추어 무대 뒤로 들어간다)

## 단위 활동 계획안

| 활동 제목 | 늑대가 나타났다 |
|---|---|
| 활동 유형 | 게임 활동 |
| 활동 목표 | 동화 속 늑대와 돼지의 관계를 알고, 게임에 즐겁게 참여한다. |
| 준 비 물 | 늑대 발톱 장갑, 훌라후프, 비밀 상자 |
| 활동 방법 | 내 용 |
| 도 입 | • 비밀 상자에서 꺼낸 물건을 보고 게임 방법을 생각해 본다.<br>- 선생님이 비밀 상자에 무언가를 갖고 왔어.<br>- 여기 있는 장갑과 훌라후프로 어떤 게임을 할 수 있을까? |
| 전 개 | • 게임 방법을 설명한다.<br>- 이 게임은 너희들 중에 몇 명이 늑대가 되는 거야. 다른 친구들은 돼지가 되기도 한단다.<br>- 늑대가 돼지를 봤다면 어떻게 했을까?<br>- 늑대가 나타나면 돼지들은 집으로 숨었겠지? 여기 있는 훌라후프가 바로 집이 되는 거란다. 집에 들어가면 늑대가 잡을 수 있을까?<br>- 훌라후프 밖에 있으면 늑대에게 잡힐 수가 있어.<br>• 게임 규칙을 정한다.<br>- 늑대에게 잡힌 친구는 어떻게 하면 좋을까?<br>- 늑대를 몇 명으로 할까?<br>- 집은 몇 개로 할까?<br>- 어떻게 하면 게임이 끝났다고 알 수 있을까?<br>• 게임을 한다.<br>- 늑대와 돼지를 나눠서 게임을 해 보자. |
| 평 가 | • 게임 후 느낌을 이야기하고, 잘못된 규칙은 수정한다.<br>- 게임을 하고 나니 어떤 점이 좋았니?<br>- 늑대가 많았을 때 게임은 어땠니? |

| 활동 제목 | 어떤 돼지가 많이 먹었을까? |
| --- | --- |
| 활동 유형 | 수 활동 |
| 활동 목표 | 양의 많고 적음을 구별하며 측정 단위를 알고 비교할 수 있다. |
| 준 비 물 | 페트병 돼지, 물, 비커 |
| 활동 방법 | 내 용 |
| 도 입 | •「아기 돼지 삼 형제」 동화를 들려준다.<br>- 아기 돼지 삼 형제가 하루는 소풍을 갔어. 도중에 너무 목이 말라 돼지들은 물을 먹기로 했지.<br>• 문제 상황을 제시한다.<br>- 돼지들은 서로 자기가 물을 제일 많이 마실 수 있다고 했어. 어느 돼지가 가장 많이 먹었을까? |
| 전 개 | • 돼지들이 먹은 물의 양을 어떻게 알 수 있을지 생각한다.<br>- 여기 돼지 모양의 페트병이 있어. 병 속에 있는 물의 양을 어떻게 알 수 있을까?<br>- 들어 보면 알 수 있을까?<br>- 정확하게 알 수 있는 방법은 무엇이 있을까?<br>• 비커를 제시한다.<br>- 비커는 물의 양을 측정할 때 사용할 수 있단다.<br>• 비커의 눈금 보는 법을 알아본다.<br>- 옆에 있는 눈금은 물의 양이라고 가르쳐 준다.<br>- 물의 양이 많을수록 눈금은 어떻게 될까?<br>• 비커를 이용하여 돼지가 먹은 물의 양을 측정한다.<br>- 어느 돼지가 가장 많이 먹었는지 알아보자. |
| 평 가 | • 어느 돼지가 가장 많이 먹었는지 함께 알아 보고, 비커를 이용하여 무엇을 측정할 수 있는지 생각해 본다.<br>- 어느 돼지가 가장 많이 먹었니?<br>- 다른 것 중 비커를 사용하여 재어 볼 수 있는 것은 무엇이 있을까?<br>- 과학 영역에 있는 여러 가지 도구와 물건들을 재어 보도록 하자. |

| 활동 제목 | 내 기분을 늑대 소리로 표현해요 |
|---|---|
| 활동 유형 | 음률 활동 |
| 활동 목표 | 늑대의 울음소리에 관심을 갖고, 울음소리를 여러 감정에 맞게 표현해 본다. |
| 준 비 물 | 늑대 소리 테이프, 카세트 플레이어, 다양한 소리 테이프(부엉이, 파도, 함성 등) |
| 활동 방법 | 내 용 |
| 도 입 | • 소리를 듣고 알아맞힌다.<br>- 선생님이 몇 가지 재미있는 소리를 준비해 왔는데, 함께 들어보도록 하자.<br>- 어떤 소리들이 나왔니?<br>- 오늘은 그중에서 늑대 소리에 대해 살펴볼 거야. |
| 전 개 | • 늑대 소리를 들으니 어떤 느낌이 드는지 이야기한다.<br>- 늑대 소리를 들으니 어떤 느낌이 들었니?<br>- 늑대가 어떤 상황에서 저런 소리를 냈을까?<br>- 방금 그 소리를 표현해 볼까?<br>- 왜 그렇게 표현했니?<br>• 여러 가지 감정을 늑대 소리로 표현한다.<br>- 만약 늑대가 슬펐다면 어떤 소리를 낼까?<br>- 큰형 돼지의 집을 날려 버리고는 어떤 소리를 냈을 것 같아?<br>- 막내 돼지에게 당했을 때는 어떤 소리를 냈을까? |
| 평 가 | • 한 가지 소리도 다양한 감정에 따라 다르게 표현될 수 있음을 알려 준다.<br>- 소리가 너희들의 기분에 따라서 다양하게 나타나는 것을 알겠니?<br>- 소리를 듣고 친구들의 기분을 알 수 있었니? |

| 활동 제목 | 소품 및 가면 만들기 |
|---|---|
| 활동 유형 | 미술 활동 |
| 활동 목표 | • 역할의 특징을 이해하고 다양한 재료를 이용하여 창의적인 표현을 할 수 있다.<br>• 자신이 맡은 역할에 대한 애착을 갖는다. |
| 준 비 물 | 띠 가면 재료, 집 재료 |
| 활동 방법 | 내 용 |
| 도 입 | • 왜 띠 가면과 소품이 있어야 하는지 이야기한다.<br>• 질문을 해서 역할의 특징을 이야기할 수 있도록 유도한다. |
| 전 개 | • 같은 역할끼리 모여 돼지, 늑대 띠 가면을 만들고 늑대와 큰형, 둘째, 막내 돼지의 성격을 이야기 하며 적절하게 표현해 보게 한다.<br>• 지푸라기, 나무, 벽돌집을 만들 계획을 세운 후, 각각의 재료 대신 무엇으로 집을 만들 수 있을지 이야기해 본다.<br>• 같은 역할의 유아들이 모여 함께 집을 만들도록 한다. |
| 평 가 | • 같은 역할끼리 모여 앉아 자기가 만든 소품을 친구들에게 보여 준다.<br>• 독특한 형태나 재미있는 생각에 대해 교사가 조언해 주면서 역할에 대한 애착과 동기를 가지게 한다. |

| 활동 제목 | 페트병 돼지 |
|---|---|
| 활동 유형 | 조형 활동 |
| 활동 목표 | 돼지의 특징을 이해하고, 다양한 재료를 이용하여 표현할 수 있다. |
| 준 비 물 | 500ml 페트병, 단추, 눈알, 뿅뿅이, 끈, 모루, 돼지 사진 |
| 활동 방법 | 내　　　용 |
| 도 입 | • 돼지 사진을 통해 돼지의 생김새에 관심을 가진다.<br>- 돼지는 어떻게 생겼을까?<br>- 얼굴에는 어떤 특징이 있니?<br>- 우리와 다른 점은 무엇이 있을까?<br>- 몸통에서 가장 기억에 남는 부분이 있다면 어디니? |
| 전 개 | • 어떤 재료로 만들 수 있을지 생각한다.<br>- 우리가 돼지를 만든다면 무엇으로 만들 수 있을까?<br>• 페트병을 이용하여 만들 수 있는 모양을 이야기한다.<br>- 페트병을 이용하여 돼지를 만든다면 어떻게 꾸밀 수 있을까?<br>- 돼지의 생김새를 표현하려면 페트병을 어떻게 이용하는 것이 좋을까?<br>- 무엇이 필요할까?<br>• 재료를 소개한다.<br>- 돼지를 만드는 데 필요한 재료는 무엇일까?<br>- 다리는 무엇으로 표현하고 싶니?<br>- 돼지 코를 특징적으로 표현한다면 무엇이 좋을까?<br>• 다양하게 꾸며 본다. |
| 평 가 | • 서로의 작품을 감상하며 느낌을 이야기한다.<br>- 사진과 비교했을 때 무엇이 가장 돼지와 닮은 것 같니?<br>- 다른 친구의 작품과 나의 작품을 비교해 볼 때 독특한 점은 무엇이니? |

| 활동 제목 | 늑대 아저씨에게 |
|---|---|
| 활동 유형 | 언어 활동 |
| 활동 목표 | 자신의 생각을 글로 표현할 수 있다. |
| 준 비 물 | 여러 종류의 펜, 종이 |
| 활동 방법 | 내 용 |
| 도 입 | •「아기 돼지 삼형제」 동화를 듣고 난 느낌을 이야기한다.<br>- 동화에서 무엇이 가장 기억에 남니?<br>- 동화를 듣고 난 느낌은 어떠니?<br>- 왜 그런 느낌이 들었니?<br>- 늑대는 왜 돼지에게 갔을까? |
| 전 개 | • 늑대에게 하고 싶은 말을 생각한다.<br>- 너희들이 늑대를 만난다면 무슨 이야기를 하고 싶니?<br>• 늑대에게 하고 싶은 말을 어떻게 전달할 수 있는지 이야기한다.<br>- 늑대에게 우리의 생각을 표현하기 위해서는 어떻게 할 수 있을까?<br>• 편지를 쓰기 위해 필요한 내용을 생각한다.<br>- 편지를 쓸 때는 어떤 내용이 들어갈까?<br>- 내용들은 어떤 순서로 쓸 수 있을까?<br>- 편지지는 어떻게 사용하는 것일까?<br>- 편지를 보내기 위해서는 무엇을 써야 할까?<br>• 편지를 쓴다. |
| 평 가 | • 친구들의 편지 내용을 들으며 늑대에 대한 자신의 생각을 이야기한다.<br>- ○○이의 편지를 들으니 친구들도 같은 생각이 들었니?<br>- 다른 생각이 든 어린이 있니? 다른 생각은 무엇이 있었니?<br>- 말로도 친구들의 생각을 표현할 수 있지만, 편지로는 더 많이 생각해서 표현하기 때문에 실수를 적게 할 수 있단다. |

# 말 안 듣는 청개구리

## 주제선정동기



어린이들은 생활 주변에서 볼 수 있는 다양한 동물들에 대해 많은 관심을 가지고 관찰하며 직접 동물을 길러 보기도 합니다. 그중 '개구리'는 날씨가 따뜻해지면서 유아가 주변에서 쉽게 접할 수 있는 동물이며, 동물 세계의 생명체에 호기심을 갖고 지속적으로 탐구하기에 적합합니다.

'개구리'라는 생활 주제 안에서 그 종류와 특성, 생활 습성에 대해 알아보는 다양한 활동을 진행할 수 있으며, 이를 통해 개구리에 대한 지식뿐만 아니라 토종 개구리를 사랑하는 마음과 자연환경을 보존하는 태도를 형성할 수 있습니다.

「말 안 듣는 청개구리」 노래극은 개구리에 대한 유아의 흥미를 지속적으로 유발시키고, 동화 속 등장인물인 개구리에 몰입하여 감정 이입을 함으로써 엄마 말씀을 잘 듣고 실천하려는 마음을 기를 수 있어 주제로 선정하였습니다.

## 주제망구성

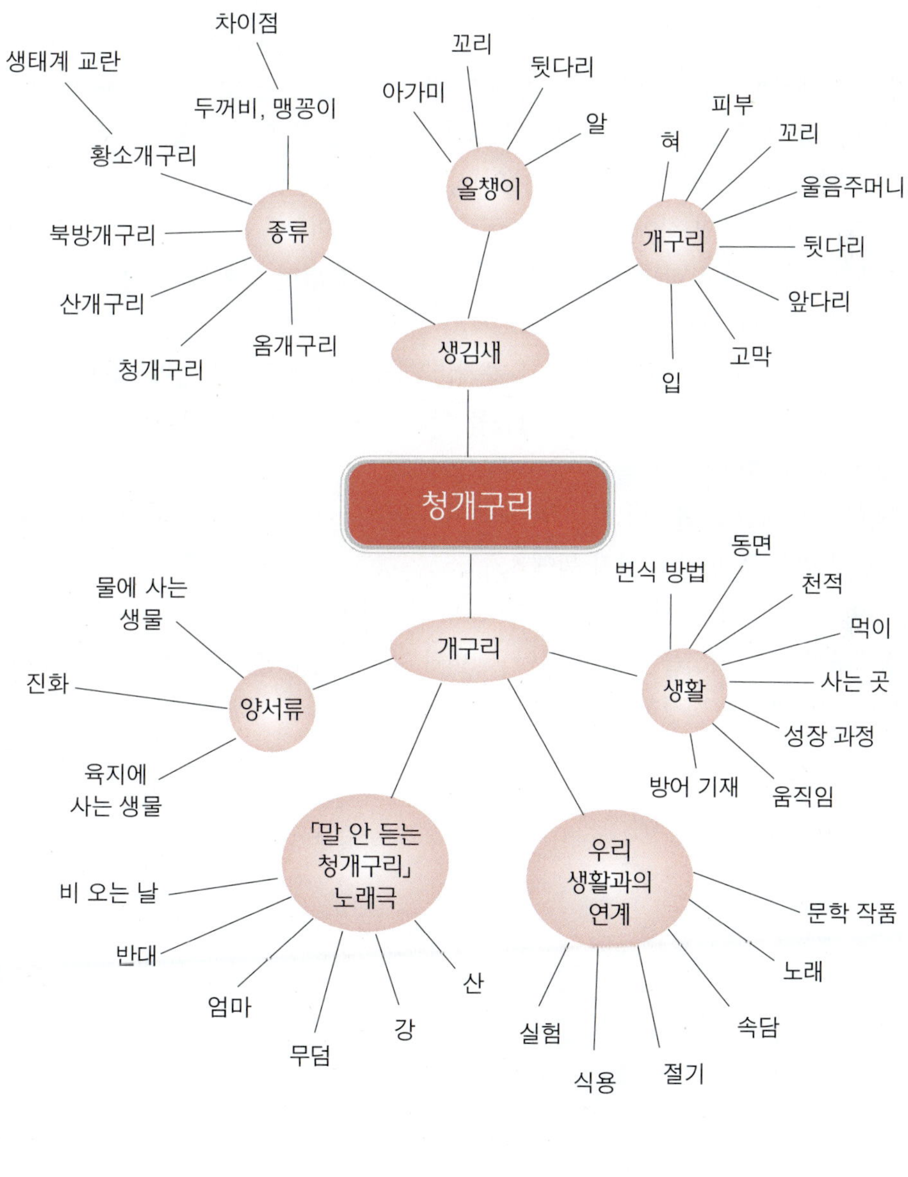
청개구리
생김새
종류
차이점
생태계 교란
두꺼비, 맹꽁이
황소개구리
북방개구리
산개구리
청개구리
옴개구리
올챙이
꼬리
아가미
뒷다리
알
개구리
혀
피부
꼬리
울음주머니
뒷다리
앞다리
고막
입
개구리
양서류
물에 사는 생물
진화
육지에 사는 생물
생활
번식 방법
동면
천적
먹이
사는 곳
성장 과정
방어 기재
움직임
「말 안 듣는 청개구리」 노래극
비 오는 날
반대
엄마
무덤
강
산
우리 생활과의 연계
문학 작품
노래
속담
절기
식용
실험

## 줄거리

옛날에 엄마 말을 듣지 않는 말썽꾸러기 청개구리가 있었어요. 말썽꾸러기 청개구리는 시냇가에서 엄마 개구리와 둘이 살았는데, 청개구리는 항상 엄마가 하는 말에 반대로 대답하고 행동했지요. 늘 반대로 말과 행동을 하는 청개구리 때문에 엄마 개구리는 늘 마음이 아팠어요. 그러다 결국엔 병이 들어 자리에 눕게 되었어요. 엄마 개구리는 죽기 전에 마지막 힘을 내어 청개구리에게 말했어요.

"얘야, 내가 죽으면 산에 묻지 말고 꼭 시냇가에 묻어라."

시냇가에 묻으라고 하면 산에 묻을 줄 알고 그렇게 말한 것이지요. 청개구리는 언제나 거꾸로만 하니까요.

그런데 청개구리는 엄마 개구리가 죽자, "개굴개굴, 나는 왜 엄마 말을 안 들었을까……."라며 슬퍼했어요. 엄마 가슴을 아프게 한 게 너무 후회스러웠지요. 그래서 청개구리는 엄마 개구리를 시냇가에 묻었어요.

"엄마의 마지막 소원이니 꼭 지켜 드려야지."

그런데 며칠 후 비가 내리지 뭐예요.

"아이고, 큰일 났다. 개굴개굴! 우리 엄마 무덤이 떠내려가겠네."

청개구리는 큰 걱정을 하며 울었어요. 비가 내리기만 하면 시냇가의 엄마 개구리 무덤이 떠내려갈까 걱정하며 울고 있는 거랍니다.

## 시나리오

- 다 같이 입장
- 다 같이 인사 : 일어서기-차렷-인사-자리에 앉기
- 다 같이 말하기 : 제목 말 안 듣는 청개구리
- 해설 등장

**해 설** 옛날에 말 안 듣는 청개구리가 살고 있었어요. 엄마가 말씀하시면 늘 반대로 행동했어요.

### 말 안 듣는 청개구리

차은진 작사 · 작곡

해설 노래

➪ 엄마 등장

엄마 : 청개구리야, 너는 왜 엄마 말을 안 듣니?

### 내 아들아

차은진 작사 · 작곡

엄마 노래

엄마 : 아들아! 내가 죽거든 시냇가에 묻어다오.

➪ 엄마 퇴장

➪ 해설 등장

**해 설** 청개구리가 늘 반대로 하기에 엄마는 시냇가에 묻어 달라고 하면 산에 묻을까 해서 반대로 말을 한 후, 그만 돌아가시고 말았어요. 하지만 청개구리는 엄마 개구리를 시냇가에 묻어 주었어요.

➪ 해설 퇴장

➪ 청개구리 등장

청개구리 : 어! 비가오네, 우리 엄마가 떠내려가면 어떻게 하지?

## 우리 엄마

차은진 작사 · 작곡

청개구리 노래

⇨ 청개구리 퇴장

⇨ 해설 등장

해 설 비가 올 때마다 엄마의 무덤이 떠내려갈까 봐 청개구리는 개굴개굴 운답니다.

⇨ 해설 퇴장

⇨ 다 같이 〈밀 안 듣는 청개구리〉 노래를 부른다.

# 말 안 듣는 청개구리

차은진 작사 · 작곡

다 같이 노래

## 단위 활동 계획안

| 활동 제목 | 말 안 듣는 청개구리 | | |
|---|---|---|---|
| 활동 유형 | 동화 듣기 | | |
| 활동 목표 | •「말 안 듣는 청개구리」 동화에 관심을 갖고, 동화 속 등장인물과 동화 내용의 순서에 대해 알아본다.<br>•「말 안 듣는 청개구리」 동화를 통해 부모님께 감사하는 마음을 갖고, 부모님의 말을 잘 듣는 태도를 기른다.<br>• 동화를 바르게 즐겨 듣는 태도를 기른다. | | |
| 준 비 물 | 「말 안 듣는 청개구리」 막대 동화 자료(엄마 개구리, 아기 청개구리, 비), 개구리 소리 | | |
| 집단 형태 | 대집단 | 소요 시간 | 20분 |
| 활동 방법 | 내 용 | | |
| 도 입 | • 개구리 울음소리를 듣고 무슨 소리인지 맞춰 본다.<br>• 개구리가 등장하여 동화를 소개한다. | | |
| 전 개 | • 교사가 들려주는 「말 안 듣는 개구리」 동화를 듣는다.<br>• 동화 내용을 회상한다.<br>- 아기 청개구리가 엄마 청개구리의 말에 어떻게 행동했었니?<br>- 아기 청개구리가 계속해서 말을 안 들어서 엄마 청개구리가 어떻게 되었니?<br>- 엄마 청개구리는 마지막으로 아기 청개구리에게 뭐라고 얘기했지?<br>- 엄마 청개구리는 왜 그렇게 이야기했을까?<br>- 결국 청개구리는 어떻게 되었지?<br>• 청개구리의 마음과 엄마의 마음이 어떨지 이야기를 나눈다.<br>• 만약 청개구리가 엄마의 말을 잘 들었다면 어떻게 되었을지 이야기를 나눈다.<br>- 모두 행복하려면 아기 청개구리가 어떻게 해야 했을까?<br>- 아기 청개구리가 엄마 청개구리의 말을 잘 들었다면 어떻게 되었을까?<br>• 부모님들이 우리에게 하는 말들을 회상해 본다.<br>- 선생님의 엄마는 어렸을 때 선생님에게 항상 집에 오면 손을 씻으라고 했단다. 엄마 아빠가 너희들에게 했던 말들 혹시 기억나니?<br>- 왜 우리에게 그렇게 말씀하시는 걸까?<br>- 우리는 그럼 어떻게 행동해야 할까? | | |
| 평 가 | • 오늘 부모님께 가서 할 말을 약속한다.<br>(예: 엄마 아빠 사랑해요, 엄마 아빠 말 잘 들을게요)<br>• 막대 동화 자료를 어느 영역에 놓으면 좋을지 이야기한 후, 사용 방법에 대해 설명한다. | | |

| 활동 제목 | 개구리처럼 움직이기 | | |
|---|---|---|---|
| 활동 유형 | 신체 표현 | | |
| 활동 목표 | • 개구리에 관심을 갖고, 개구리가 움직이는 특징에 대해 알아본다.<br>• 자신의 신체를 조절하여 대상의 움직임을 표현하는 능력을 기른다. | | |
| 준 비 물 | 개구리 인형, 개구리가 움직이는 영상(점프하는 영상, 우는 영상, 수영하는 영상, 땅 파는 영상), 음원(경쾌한 소리, 개구리 울음소리, 헤엄치는 물소리, 땅 파는 소리) | | |
| 집단 형태 | 대집단 | 소요 시간 | 20분 |
| 활동 방법 | 내 용 | | |
| 도 입 | • "개울가에 올챙이 한 마리~" 〈올챙이와 개구리〉 노래를 부른다<br>• 개구리가 움직이는 것을 본 경험에 대해 이야기를 나눈다.<br>• 움직이는 개구리의 영상을 본다(개구리가 울음 → 개구리가 점프 → 개구리가 수영 → 개구리가 땅을 파고 들어감).<br>• 개구리 영상을 회상한 후, 몸으로 표현해 보자고 제안한다. | | |
| 전 개 | • 개구리 영상을 시청한 후, 어떻게 몸으로 표현할 수 있을지 이야기를 나눈다.<br>- 개구리가 어떻게 점프를 했지? 몸으로 어떻게 표현할 수 있을까?<br>- 혹시 다른 생각 있는 어린이 있니?<br>- 개구리가 울 때 어느 부분이 움직였니? 우리는 어떻게 표현할 수 있을까?<br>- 개구리가 물속을 헤엄칠 때 팔과 다리를 어떻게 움직였니? 혹시 보여 줄 수 있는 어린이 있니?<br>- 개구리가 땅속에 들어가기도 했어. 개구리가 겨울에 겨울잠을 자기 위해 땅속에 저렇게 들어가기도 한단다. 이 부분은 우리가 몸으로 어떻게 표현할 수 있을까?<br>• 선생님의 이야기에 맞춰 앞에 나와 개구리를 표현할 것을 제안한 후, 주의 사항에 대해 안내한다.<br>- 앞에 나와서 개구리처럼 움직여 볼 텐데 혹시 개구리처럼 점프할 때 친구와 부딪치면 어떡하지? 어떻게 하면 다치지 않고 움직일 수 있을까?<br>- 개구리를 잘 표현하려면 누구의 이야기를 잘 들어야 할까?<br>• 유아 소그룹1이 나와 교사의 나레이션과 음원에 맞춰 개구리처럼 움직인다.<br>• 개구리처럼 잘 표현한 부분에 대해 이야기를 나눈다.<br>• 나머지 소그룹 2, 3이 같은 방법으로 시행한 후 평가한다. | | |
| 평 가 | • 개구리가 되어 한 명씩 문 앞에 줄을 서 본다.<br>• 함께 몸을 움직여 개구리를 표현하며 든 느낌과 생각에 대해 말해 본다. | | |

| 활동 제목 | 말 안 듣는 청개구리 | | |
|---|---|---|---|
| 활동 유형 | 노래 배우기 | | |
| 활동 목표 | 교육적 목표 | •「말 안 듣는 청개구리」 동화 내용을 회상한다.<br>• 노래를 부르며, 동화 속 개구리의 생각과 감정에 대해 알아본다. | |
| | 음악적 목표 | • 의성어 부분의 포인트를 인식해 음악의 흐름에 관심을 가진다.<br>• 엄마와 청개구리로 나누어 이중창으로 불러 본다.<br>• 즐겁게 노래를 불러 본다. | |
| 준 비 물 | 노래판, 개구리 울음소리 | | |
| 집단 형태 | 대집단, 소집단 | 소요 시간 | 20분 |
| 활동 방법 | 내 용 | | |
| 도 입 | • 개구리 울음소리를 들려준다.<br>- 무슨 소리일까? 누가 우는 것일까?<br>•「말 안 듣는 청개구리」 동화를 회상하며, 엄마를 걱정해 울음소리를 내고 있는 청개구리에 대해 이야기를 나눈다. | | |
| 전 개 | • 노래판을 보여 주며 노랫말을 알려 준다.<br>• 음을 붙이지 않고 리듬으로 노래를 불러 준다. 리듬 노래는 노랫말을 정확히 알려 주고 첫 마디에 악센트를 붙여 노래한다.<br>• 노래에 음을 붙여 노래를 부른다. 이때 뒷배경으로 개구리 소리를 틀어 준다. 유아들이 잘 듣게 하기 위해 특정 단어가 몇 번 나오는지 주의깊게 듣게 한다.<br>- '청개구리' 라는 말이 몇 번 나왔니?<br>• 유아들이 여러 번 들은 다음 가장 흥미로운 부분만 불러 보게 한다.<br>- '개굴개굴 노래하면 굴개굴개 노래해' 이 부분만 너희들이 하고 나머지는 선생님이 할게.<br>• 유아들이 노래 부르기에 집중을 잘 하면 엄마 부분과 청개구리 부분을 나눠 불러 보게 한다. 노래판을 색깔로 나누어 유아들이 쉽게 부르도록 유도한다.<br>- 선생님이 빨간색인 엄마 부분을 노래할 테니, 친구들은 파란색인 청개구리 부분을 노래해 보자.<br>• 노래가 익숙해지고 흥이 생기면 피아노 반주에 맞추어 노래를 불러 본다. | | |
| 평 가 | • 어떤 노래를 배웠니?<br>• 개구리처럼 개굴개굴, 굴개굴개 노래를 부르니 재미있었니?<br>• 엄마 말을 안 듣는 청개구리를 보면서 엄마는 어떤 마음이었을까?<br>• 비가 올 때 개구리가 우는 소리를 들을 수 있는지 살펴보자. | | |

| 활동 제목 | 색종이로 개구리 접기 | | |
|---|---|---|---|
| 활동 유형 | 미술 활동 | | |
| 활동 목표 | •「말 안 듣는 청개구리」의 내용을 회상한다.<br>• 개구리를 접는 것에 흥미를 갖는다.<br>• 색종이로 개구리를 접는 방법을 안다.<br>• 개구리를 만들어 펄쩍 뛰는 놀이를 할 수 있다. | | |
| 준 비 물 | 색종이, 개구리 종이 접기 순서도, 화지 | | |
| 집단 형태 | 소집단-4, 5명의 유아와 교사 | 소요 시간 | 30분 |
| 활동 방법 | 내 용 | | |
| 도 입 | • 색종이로 접은 개구리를 보여 준다.<br>- 선생님이 색종이로 개구리를 접었어. 이 개구리는 뒷발을 누르면 뛸수 있는 거야. 우리 친구들도 선생님처럼 만들어 볼까? | | |
| 전 개 | • 개구리를 접는 순서도를 보여 준다.<br>• 색종이를 접는 순서대로 하나씩 설명하며 이야기를 나눈다.<br>• 유아들이 색종이 접기를 보고 이해한 듯 하면 함께 접기 시작한다.<br>• 색종이를 접을 때, 못하겠다는 유아는 접는 순서를 다시 한번 설명해 주면서 천천히 진행한다.<br>• 4, 5명의 친구들이 완성이 되면, 개구리가 뛰는지 함께 놀이해 본다.<br>• 놀이가 끝난 후에는 화지에 붙여 개구리와 연못을 그려 본다.<br>• 개구리와 연못을 꾸미는 활동이 끝난 다음에는 친구들에게 보여 주며 평가를 한다.<br>• 다른 친구들에게 보여 주면서 호기심을 가지게 해 다음 활동에 참여하도록 독려한다.<br>• 완성된 작품을 미술 영역에 전시해 준다. | | |
| 평 가 | •「말 안 듣는 청개구리」 동화를 회상해 보았니?<br>• 색종이 접기 미술 활동 놀이에 흥미를 느꼈니?<br>• 색종이로 개구리를 접는 방법을 알았니?<br>• 작품 전시를 통해 다양한 작품을 비교해 보았니? | | |

# 해와 달이 된 오누이

## 주제선정동기

"떡 하나 주면 안 잡아먹지."

「해와 달이 된 오누이」는 이 한 문장만 읽으면 누구든지 어떤 동화인지 알 수 있는 너무나 유명한 전래 동화입니다. 아버지가 없는 가정에서 자란 외로운 오누이가 일 나가신 어머니를 기다리는 모습은 한없이 애처롭기만 합니다. 설상가상으로 호랑이까지 오누이를 위협하여 보는 이로 하여금 안타까운 심정을 느끼게 합니다. 하지만 오누이가 지혜롭게 호랑이를 물리치고 해와 달이 되었다는 이 동화는 여러 가지 에피소드를 통해 옛 문화를 체험하고 전통문화의 가치를 계승한다는 점에서 교육적 의의가 있습니다.

또한 동화 속 등장인물인 호랑이, 하늘의 달과 해는 유아가 매우 흥미로워하는 요소이며, 유아가 해당 역할을 맡아 직접 표현해 봄으로써 동화에 대한 내용을 효과적으로 이해할 수 있을 것 같아 본 노래극의 주제로 선정하였습니다.

## 주제망 구성

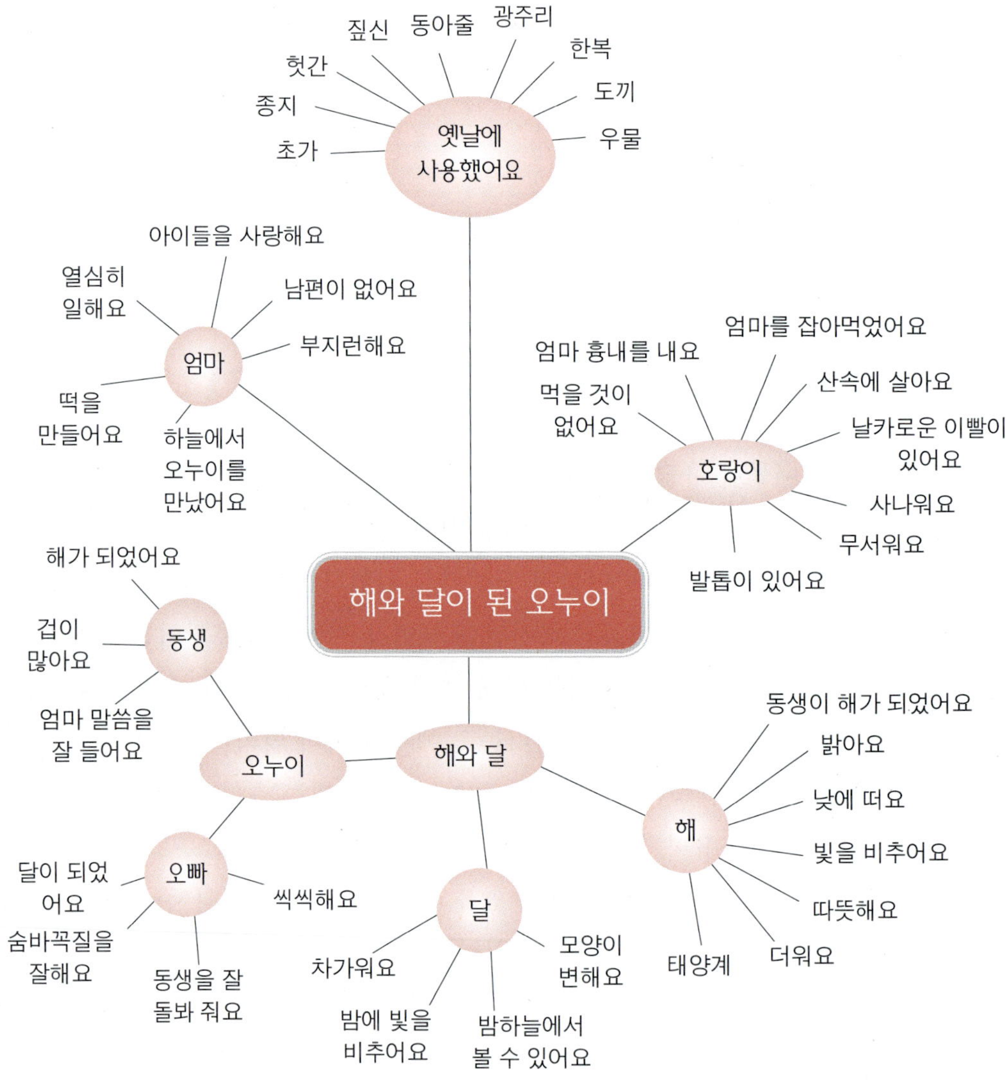
해와 달이 된 오누이
옛날에 사용했어요
초가
종지
헛간
짚신
동아줄
광주리
한복
도끼
우물
엄마
아이들을 사랑해요
열심히 일해요
남편이 없어요
부지런해요
떡을 만들어요
하늘에서 오누이를 만났어요
호랑이
엄마 흉내를 내요
엄마를 잡아먹었어요
먹을 것이 없어요
산속에 살아요
날카로운 이빨이 있어요
사나워요
무서워요
발톱이 있어요
해와 달
오누이
동생
해가 되었어요
겁이 많아요
엄마 말씀을 잘 들어요
오빠
달이 되었어요
숨바꼭질을 잘해요
동생을 잘 돌봐 줘요
씩씩해요
달
차가워요
밤에 빛을 비추어요
밤하늘에서 볼 수 있어요
모양이 변해요
해
동생이 해가 되었어요
밝아요
낮에 떠요
빛을 비추어요
따뜻해요
더워요
태양계

## 줄거리

어느 산골 마을에 어머니와 오누이가 살고 있었어요.

하루는 어머니가 옆 동네 잔칫집에 일을 하러 가게 되었어요. 어머니는 오누이에게 낯선 사람이 오거든 문을 열어 주지 말라고 단단히 일러두었어요.

오누이는 사이좋게 집을 보며 어머니를 기다리고 있었어요.

저녁이 되어 일을 마친 어머니는 잔칫집에서 떡을 얻어 집으로 오는 길이었어요.

집에서 기다리고 있을 오누이에게 떡을 가져다 주려고 서둘러 집으로 가는데, 그때 산속에서 호랑이를 만났어요.

아주아주 배가 고픈 호랑이는 어머니에게 떡을 달라고 했어요.

"떡 하나 주면 안 잡아먹지! 어흥!"

어머니는 떡이 아까웠지만 호랑이에게 떡을 주고 고개를 넘었어요.

고개를 넘어가는데 아까 그 호랑이가 또 나타나서 떡을 달라고 하는 것이었어요.

어머니는 호랑이에게 떡을 또 주고 다시 고개를 넘었어요.

마지막 고개를 넘으려는데 호랑이가 또 나타나서 이번엔 어머니를 잡아먹었어요.

어머니의 옷을 입은 호랑이는 오누이마저 잡아먹으려고 집으로 갔어요.

집에서 어머니를 기다리던 오누이는 호랑이가 어머니인 줄 알고 문을 열어 주었어요.

그러나 호랑이가 어머니를 잡아먹고 어머니 옷을 입고 온 사실을 눈치챈 오누이는 나무 위로 올라가 숨었어요. 호랑이도 오누이를 따라 나무 위로 올라오기 시작했어요.

오누이는 기도를 하기 시작했어요.

"하느님 저희를 살리시려거든 금동아줄을 내려 주세요."

그러자 하늘에서 금동아줄이 내려와 오누이는 줄을 잡고 하늘로 올라갔어요.

호랑이도 오누이를 따라서 기도를 했어요. 그러자 하늘에서 동아줄이 내려왔어요. 호랑이가 줄을 잡고 하늘로 올라가는데 그 줄은 썩은 줄이라서 끊어졌고, 결국 호랑이는 수수밭 위로 떨어져 죽고 말았어요.

하늘로 올라간 오누이는 해와 달이 되어서 낮과 밤을 비추게 되었답니다.

## 시나리오

# 1 막

- 다 같이 입장
- 다 같이 인사 : 일어서기-차렷-인사-자리에 앉기
- 다 같이 말하기 : 제목 해와 달이 된 오누이
- 해설 등장(등장 음악에 맞추어 무대 앞으로 나와 마이크 앞에 선다)

**해 설** 하늘의 해와 달은 어떻게 생겨났을까요? 이 노래극을 보면 아실 거예요. 지금부터 해와 달이 된 오누이 노래극을 시작하겠습니다.

- 해설 퇴장(퇴장 음악에 맞추어 무대 위 뒤편으로 들어간다)
- 다 같이 〈해님 달님1〉 노래를 부른다.

### 해님 달님 1

차은진 작사 · 작곡

➩ 어머니 등장(등장 음악에 맞추어 입장한다)

어머니 : 우리 아이들이 기다리고 있을 텐데……. 어서 집으로 가야지.

➩ 호랑이 등장(등장 음악에 맞추어 입장한다)

호랑이 : 어흥~!

어머니 : 이게 무슨 소리야? 호랑이 소리잖아.

➩ 호랑이 〈그 떡 하나 주면〉 노래를 부른다.

## 그 떡 하나 주면

차은진 작사 · 작곡

호랑이 노래

어머니 : 호랑이님, 이 떡 먹고 가세요.

호랑이 : 냠냠냠~ 그래도 배가 고픈데…….

➩ 어머니 〈내 말 좀 들어요〉 노래를 부른다.

## 내 말 좀 들어요

차은진 작사 · 작곡

호랑이 : 너무너무 배가 고파서 너를 잡아먹어야겠다. 어흥~!(호랑이가 엄마를 쫓아가서 잡아먹는다)

⇨ 다 같이 〈이를 어쩌나1〉 노래를 부른다.

## 이를 어쩌나 1

차은진 작사 · 작곡

⇨ 어머니, 호랑이 퇴장(퇴장 음악에 맞추어 무대 위 뒤편으로 들어간다)

# 2 막

➩ 해설 등장(등장 음악에 맞추어 나와 마이크 앞에 선다)

**해 설** 호랑이가 오누이의 집으로 가는구나(가는구나~).
이 사실을 모르는 오누이가 엄마를 기다리고 있구나(기다리고 있구나~).

➩ 추임새를 할 경우, 장구를 쳐서 흥을 돋운다.

➩ 해설 퇴장(퇴장 음악에 맞추어 무대 위 뒤편으로 들어간다)

➩ 오누이 등장(등장 음악에 맞추어 입장한다)

➩ 오누이가 〈우리 엄마〉 노래를 부른다.

## 우리 엄마

차은진 작사 · 작곡

동생 : 오빠! 엄마 보고 싶지?

오빠 : 조금만 기다려 봐! 어~ 엄마가 오시는 것 같아.

➩ 호랑이 등장(등장 음악에 맞추어 입장한다)

➩ 호랑이와 오누이가 나눠서 〈문을 열어라〉 노래를 부른다.

# 문을 열어라

차은진 작사 · 작곡

동생 : 오빠! 호랑이가 왔어. 무서워!

오빠 : 걱정 마. 우리 나무 위로 숨자!

⇨ 오누이 무대 한쪽에 세워진 나무 뒤로 이동한다.

⇨ 다 같이 〈나무 위로 오누이가 올라가네〉 노래를 부른다.

## 나무 위로 오누이가 올라가네

차은진 작사 · 작곡

호랑이 : 얘들아, 그 높은 나무 위로 어떻게 올라갔니?

동생 : 도끼로 찍으면서 올라왔지.

호랑이 : (도끼를 가지고 와 나무를 찍는다) 쿵쿵쿵!

다 같이 〈이를 어쩌나2〉 노래를 부른다.

## 이를 어쩌나 2

차은진 작사 · 작곡

다 같이 노래

오누이 : (두 손을 모으고) 하느님! 저희를 살리시려거든 금동아줄을 내려 주시고, 저희를 살리지 않으려면 썩은 동아줄을 내려 주세요.

- 해설이 일어나 오누이에게 금동아줄을 내려 준다.
- 오누이는 금동아줄을 잡고 무대 위 뒤편으로 퇴장한다.
- 다 같이 〈이제 살았네〉 노래를 부른다.

## 이제 살았네

차은진 작사 · 작곡

다 같이 노래

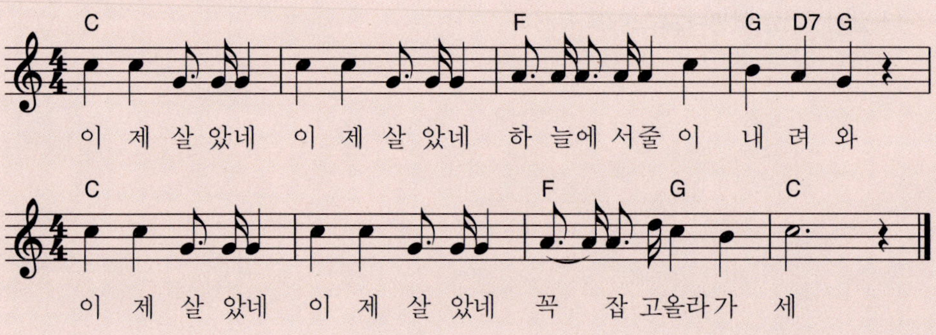

호랑이 : (두 손을 모으고) 하느님! 저를 살리시려거든 금동아줄을 내려 주시고 저를 살리지 않으려면 썩은 동아줄을 내려 주세요.

⇨ 다 같이 〈이를 어쩌나3〉 노래를 부른다.

## 이를 어쩌나 3

차은진 작사 · 작곡

⇨ 해설이 썩은 동아줄을 호랑이에게 전해 준다.

⇨ 호랑이가 썩은 동아줄을 잡고 올라가다가 무대 위에 주저 앉아서 떨어진 모습을 표현한 후, 무대 위 뒤편으로 퇴장한다.

⇨ 해설 등장(등장 음악에 맞추어 무대 앞으로 나와 마이크 앞에 선다)

**해 설** 그리하여~ 달이 된 오빠는 용감하게 밤하늘을 지켜 주고(지켜 주고), 부끄러움이 많은 동생은 해가 되어 빛을 비추게 되었구나(비추게 되었구나).

⇨ 추임새를 할 경우, 징구를 쳐서 흥을 돋운다.

⇨ 다 같이 〈해님 달님2〉 노래를 부른다.

## 해님 달님 2

차은진 작사 · 작곡

다 같이 노래

- 다 같이 인사 : 차렷-인사-차렷
- 다 같이 퇴장(퇴장 음악에 맞추어 무대 뒤로 들어간다)

## 단위 활동 계획안

| 활동 제목 | 옛날에 사용했던 물건들 |
|---|---|
| 활동 유형 | 이야기 나누기 |
| 활동 목표 | 옛날에 사용했던 물건에 관심을 갖고 과거와 현재의 물건들을 비교해 본다. |
| 준 비 물 | 옛날에 사용했던 물건과 현대의 물건 그림 |
| 활동 방법 | 내 용 |
| 도 입 | • 맷돌, 우물, 짚신, 광주리, 도끼 등의 그림 중에서 하나를 보여 준다.<br>- 어디에 사용했던 물건들일까?<br>• 유아들이 자유롭게 상상을 해 보도록 한다.<br>• 말할 차례를 지켜서 자신의 생각을 발표하도록 한다.<br>- 무엇을 할 때 사용했을까? |
| 전 개 | • 옛날 물건들의 사용 방법을 알아보고, 왜 그렇게 만들었을지 질문을 하며 이야기를 나눈다.<br>- 옛날에는 고무나 플라스틱보다 짚이 많았기 때문이야.<br>- 옛날에는 전기가 없었단다.<br>- 이것과 어울리는 지금 사용하는 물건을 누가 찾아서 융판에 짝지어 붙여 볼까?<br>- 각 물건들의 사용 방법을 예상하고, 예상이 맞는지 교사나 친구(유아들)가 조사해 온 것과 비교해 본다.<br>- 현대에서 사용하는 물건 중에서 같은 용도로 쓰이는 물건을 찾아 1:1로 대응해 본다. |
| 평 가 | • 옛날 물건들 중에서 재미있는 것, 좋은 것은 어떤 것이 있는지 말해 보고 왜 그런지 친구들 앞에서 이야기해 본다.<br>- 어떤 것이 제일 기억에 남니? 왜 그렇게 생각했니? |

| 활동 제목 | 호랑이가 나오는 동화 |
|---|---|
| 활동 유형 | 언어 활동(동화 짓기) |
| 활동 목표 | 동화의 줄거리에 대해 생각해 보고 동화의 내용을 바꾸어 창의적으로 구상할 수 있다. |
| 준 비 물 | 「떡 하나 주면 안 잡아먹지」 동화 자료, 스케치북, 크레파스 |
| 활동 방법 | 내 용 |
| 도 입 | •「떡 하나 주면 안 잡아 먹지」 동화 제목을 듣고 내용을 상상해 본다.<br>- 호랑이가 돌이 들어간 떡을 먹고 어떻게 되었니?<br>- 동화 속의 주인공들이 어떻게 되었을까?<br>• 동화를 바르게 앉아서 감상한다. |
| 전 개 | • 동화 내용을 회상한다.<br>- 재미있었던 장면은 어떤 장면이었니?<br>-「해와 달이 된 오누이」 동화와 어떤 내용이 다르니?<br>• 동화 내용을 재구성한다.<br>- 만약에 호랑이가 엄마를 잡아먹지 않고 살려 주었다면 이야기가 어떻게 바뀌었을까?<br>• 유아들이 다양한 생각을 발표한다.<br>- 교사는 유아들이 다양한 생각을 발표할 때 격려해 준다.<br>• 유아들의 생각을 그림으로 표현하도록 한다.<br>- 우리 친구들의 생각을 그림으로 그려서 동화를 만들어 볼까? |
| 평 가 | • 유아들이 만든 동화를 발표한다.<br>- 이 동화의 제목을 만든다면 어떤 제목이 어울릴까?<br>- 친구들의 동화를 들어 보니 어땠니?<br>• 동화 바꾸기 활동에 대해 평가를 한다.<br>- 이야기를 바꾸니까 어땠니?<br>- 친구들이 바꾼 이야기 중에 재미있는 이야기는 어떤 이야기였니? |

| 활동 제목 | 호랑이가 쫓아와요 |
| --- | --- |
| 활동 유형 | 게임 활동 |
| 활동 목표 | • 동화 속 호랑이와 엄마의 관계를 알고, 게임에 즐겁게 임한다.<br>• 동적인 신체 활동을 통해 대근육 발달과 민첩성을 기른다. |
| 준 비 물 | 호랑이 머리띠, 엄마 머리띠, 마스킹 테이프 |
| 활동 방법 | 내 용 |
| 도 입 | • 엄마 인형이 등장하며 〈내 말 좀 들어요〉 노래를 부른다.<br>- 엄마가 호랑이에게 왜 살려 달라고 했을까?<br>- 만약 우리도 오누이처럼 엄마가 없다면 어떨까?<br>- 우리가 엄마를 도와드릴 방법이 있을까? |
| 전 개 | • 바닥에 마스킹 테이프로 동그랗게 표시를 해 두어 전체 유아가 동그랗게 손을 잡고 앉도록 한다.<br>• 게임 방법에 대해서 알아 본다.<br>- 엄마 역할과 호랑이 역할을 정한다.<br>- 호랑이는 동그라미 안에 있고 엄마는 동그라미 밖에서 게임을 시작한다.<br>- 나머지 다른 친구들은 동그랗게 손을 잡는다.<br>• 안전 규칙에 대해 설명한다.<br>• '호랑이가 쫓아와요' 게임을 시작한다.<br>- 북소리가 나면 엄마는 도망가고 호랑이는 엄마를 쫓아간다.<br>- 엄마가 도망갈 때 손을 잡고 있던 친구들이 문을 열어 준다. 호랑이가 쫓아갈 때는 손을 잡고 문을 닫아 준다.<br>• 호랑이가 엄마를 잡으면 게임이 끝난다.<br>• 호랑이에게 잡힌 엄마는 술래가 되어서 호랑이 역할을 한다. |
| 평 가 | • 게임에 대한 평가를 한다.<br>- 호랑이가 되어서 쫓아가니 어땠니?<br>- 엄마가 되어서 도망을 가니 어땠니?<br>• 게임을 했을 때 어떤 점이 재미있었니? |

| 활동 제목 | 금동아줄 만들기 |
|---|---|
| 활동 유형 | 미술 활동 |
| 활동 목표 | • 동아줄의 생김새를 알아 보고 다양한 재료를 이용하여 만들 수 있다.<br>• 미술 활동을 통해 소근육 발달을 돕는다. |
| 준 비 물 | 신문지, 지푸라기, 풀, 본드, 금색 종이 |
| 활동 방법 | 내 용 |
| 도 입 | • 오누이 인형을 제시하며 〈나무 위로 오누이가 올라가네〉 노래를 부른다.<br>- 호랑이 인형을 제시하며 "얘들아~ 나무 위에 어떻게 올라갔니?"<br>- 오누이 인형을 제시하며 "도끼로 찍으면서 올라갔지!"<br>• 〈이를 이쩌나〉, 〈호랑이가 나무 위로 올라가네〉 노래를 부른다. |
| 전 개 | • 동아줄에 대해 알아본다.<br>- 호랑이가 올라오자 오누이는 기도를 했지, 그러자 하늘에서 무엇이 내려왔을까?<br>- 동아줄을 본 적이 있니?<br>- 동아줄은 어떤 때 사용했을까?<br>• 동아줄을 만들기 위한 재료를 알아본다.<br>- 우리가 동아줄을 만들려면 무엇이 필요할까?<br>• 지푸라기를 제시한다(지푸라기가 없을 경우 신문지로 대신하여 만든다).<br>- 어떻게 동아줄을 만들어야 튼튼할까?<br>- 지푸라기(또는 신문지)를 꼬아 본다.<br>- 점점 길게 하는 방법을 생각해 본다.<br>• 금동아줄을 표현하기 위해 금색 종이로 싼다. |
| 평 가 | • 금동아줄을 만들고 난 후의 활동을 평가한다.<br>- 동아줄을 꼬아 보니 어땠니?<br>- 옛날 사람들이 왜 새끼를 꼬았는지 아니?<br>- 동아줄이 점점 길어질 때 어땠니?<br>• 금동아줄을 만드는 활동을 하니 어떤 점이 재미있었니? |

# 선녀와 나무꾼

## 주제설정동기



「선녀와 나무꾼」은 우리나라 구전 전래 동화로서 사람들이 꿈꾸는 천상과 지상을 하나로 연결시켜 그 안에서 이야기를 이끌어 가는 내용입니다. 가상적이고 비현실적이지만 '그런 꿈같은 일이 벌어지면 어떨까?' 라는 상상을 만들어 유아들에게 꿈을 심어 주는 이야기입니다.

특히 사슴을 구해 준 착한 나무꾼은 선녀와 결혼하게 되고 나무꾼이 선녀를 따라 하늘로 올라가는 내용은 가족의 유대감을 보여 주고 있습니다.

요정 같은 사슴, 우직하고 착한 나무꾼, 총을 들고 있는 사냥꾼, 절대 선을 상징하는 선녀의 역할극은 유아들에게 기대와 흥미를 유발하기에 적절하며, 본 동화의 내용으로 진행하는 노래극을 통해 시간적, 공간적 흐름을 자연스럽게 익힐 수 있어 주제로 선정하였습니다.

# 주제망 구성

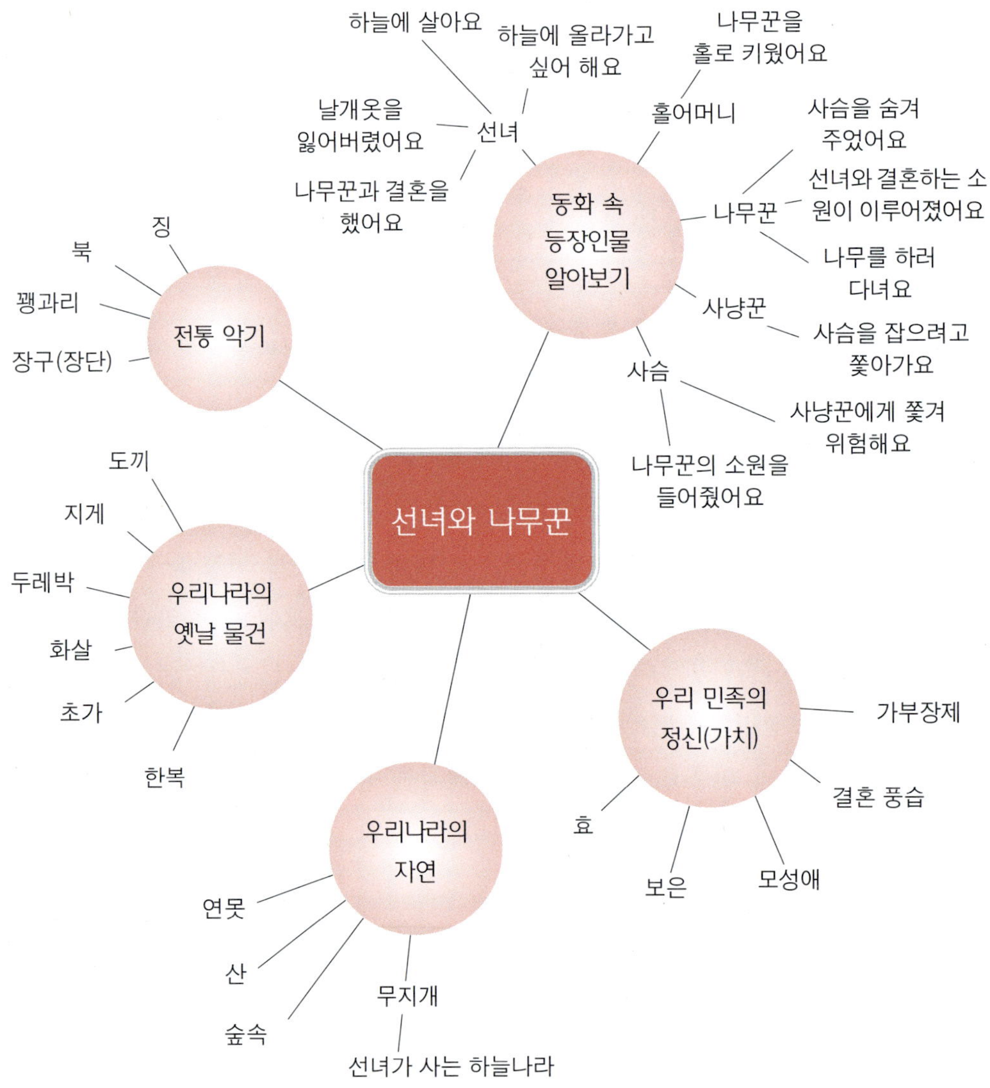
선녀와 나무꾼
동화 속 등장인물 알아보기
선녀
하늘에 살아요
하늘에 올라가고 싶어 해요
날개옷을 잃어버렸어요
나무꾼과 결혼을 했어요
홀어머니
나무꾼을 홀로 키웠어요
나무꾼
사슴을 숨겨 주었어요
선녀와 결혼하는 소원이 이루어졌어요
나무를 하러 다녀요
사냥꾼
사슴을 잡으려고 쫓아가요
사슴
사냥꾼에게 쫓겨 위험해요
나무꾼의 소원을 들어줬어요
전통 악기
징
북
꽹과리
장구(장단)
우리나라의 옛날 물건
도끼
지게
두레박
화살
초가
한복
우리나라의 자연
연못
산
숲속
무지개
선녀가 사는 하늘나라
우리 민족의 정신(가치)
가부장제
결혼 풍습
모성애
보은
효

## 줄거리

깊고 깊은 산골에 마음씨 착한 나무꾼이 홀어머니를 모시고 살고 있었어요. 어머니는 늦도록 장가를 못 가고 있는 아들이 늘 안타까웠어요.
어느 날, 숲에서 나무를 하던 나무꾼은 사냥꾼에게 쫓기는 아기 사슴을 만났어요.
"나무꾼님, 저 좀 살려 주세요." 아기 사슴이 부탁했어요.
나무꾼은 불쌍한 사슴을 숨겨 주었어요. 사슴은 나무꾼이 무척 고마웠어요. 그래서 나무꾼의 소원을 한 가지 들어주겠다고 했어요. 나무꾼은 결혼을 하고 싶다고 말했어요. 그러자 아기 사슴이 말했어요.
"나무꾼님, 이 아래 골짜기 연못에서 선녀들이 목욕을 할 거예요. 그때 선녀의 날개옷 하나를 감추고 아내로 맞으세요. 하지만 아이 셋을 낳기 전에는 절대로 옷을 보여 주시면 안 돼요."
나무꾼은 아기 사슴의 말대로 연못을 찾아갔어요. 정말 그곳에서는 아름다운 선녀들이 목욕을 하고 있었어요. 나무꾼은 얼른 날개옷 하나를 감추었어요. 목욕을 마친 선녀들이 날개옷을 입고 하늘로 올라가기 시작했어요. 하지만 날개옷을 잃어버린 한 선녀는 하늘로 올라가지 못하고 눈물만 흘렸어요. 결국 그 선녀는 나무꾼과 결혼하게 되었고 나무꾼은 행복했어요. 아름다운 선녀를 아내로 맞아들여 결혼을 하고 두 아이를 낳고 행복하게 살았기 때문이지요.
어느 날, 선녀는 나무꾼에게 아이를 둘이나 낳았으니 날개옷을 달라고 애원을 했어요. 나무꾼은 '설마 아이를 둘이나 낳았는데 하늘로 올라가지는 않겠지.' 라는 생각으로 아내에게 날개옷을 보여 주었어요. 그러나 날개옷을 입은 선녀는 순식간에 한 팔에 한 아이씩 안고서 하늘로 올라가 버렸고, 나무꾼은 땅을 치며 눈물을 흘렸어요. 나무꾼은 하는 수 없이 예전의 그 사슴을 찾아가서 그 동안의 사연을 이야기했어요.
"왜 제 말을 듣지 않고 날개옷을 보여 주셨어요? 내일 밤 다시 그 연못으로 가 보세요. 하늘에서 물을 길기 위해 두레박이 내려올 테니 그걸 타고 하늘로 올라가세요."
나무꾼은 사슴의 말대로 두레박을 타고 하늘로 올라가 아내와 아이들을 만나 행복하게 살았답니다.

## 시나리오

- 다 같이 입장
- 다 같이 인사 : 일어서기-차렷-인사-자리에 앉기
- 다 같이 말하기 : 제목 선녀와 나무꾼
- 다 같이 〈옛날 옛날〉 노래를 부른다.

### 옛날 옛날

차은진 작사 · 작곡

다 같이 노래

- 나무꾼과 사슴이 무대 양편에서 음악에 맞추어 등장한다.

나무꾼 : (도끼 들고 등장) 어서 나무를 해 어머니 저녁을 차려 드려야 할 텐데.
(통탕통탕 도끼질을 한다) 영차 영차.

사　슴 : (등장하며) 날 좀 살려 주세요~! 날 좀 살려 주세요~!
사냥꾼이 나를 쫓아오고 있어요.

⇨ 사슴 〈여보세요 1〉 노래를 부른다.

나무꾼 : 그래, 사슴아 빨리 나무 뒤에 숨으렴.

### 여보세요 1

차은진 작사 · 작곡

⇨ 사슴은 음악에 맞추어 이동하여 나무 뒤에 숨는다.

⇨ 사슴이 나무 뒤로 숨은 후 사냥꾼이 음악에 맞추어 등장한다.

사냥꾼 : 이봐! 나무꾼! 이쪽으로 달려오는 사슴을 보았소?

나무꾼 : (손가락으로 가리키며) 저쪽 골짜기로 달려가던데요.

⇨ 사냥꾼 〈여보세요2〉 노래를 부른다.

## 여보세요 2

차은진 작사 · 작곡

⇨ 사냥꾼 두리번거리며 음악에 맞추어 퇴장한다.

사 슴 : (다시 등장) 날 숨겨 주셔서 감사합니다. 소원을 한 가지 들어드릴게요.

⇨ 나무꾼 〈소원은1〉 노래를 부른다.

# 소원은 1

차은진 작사 · 작곡

나무꾼 노래

➩ 나무꾼이 노래를 한 후, 뒤에 앉아 있는 유아들이 반복하여 노래를 부른다.

⇨ 사슴 〈좋은 수가 있어요1〉 노래를 2번 부른다.

## 좋은 수가 있어요 1

차은진 작사 · 작곡

사　슴 : 그런데 아이들을 3명 낳기 전에는 선녀에게 날개옷을 절대로 주어서는 안 돼요. 꼭이요!

나무꾼 : 그래, 알았어. 고마워 사슴아!

⇨ 나무꾼, 사슴 퇴장(퇴장 음악에 맞추어 무대 위 뒤편으로 들어간다)

⇨ 해설 등장(등장 음악에 맞추어 무대 앞으로 나와 마이크 앞에 선다)

해 설　다음날, 나무꾼이 사슴이 말해 준 연못으로 갔는데(연못으로 갔는데),
갑자기 선녀들이 내려와 목욕을 하기 시작하였구나(시작하였구나).
나무꾼은 나무에 걸린 선녀의 옷을 감추었고(감추었고),
목욕을 끝낸 다른 선녀들은 하늘로 올라가는구나(올라가는구나).
혼자 남은 선녀는 슬피 우는구나(슬피 우는구나).

⇨ 해설 퇴장(퇴장 음악에 맞추어 무대 위 뒤편으로 들어간다)

나무꾼, 선녀 등장(등장 음악에 맞추어 무대 양편에 선다)

나무꾼과 선녀 〈여보세요3〉 노래를 부른다.

## 여보세요 3

차은진 작사 · 작곡

나무꾼 : 하늘나라로 못 올라가면 제가 준비한 이 옷을 입고 제 아내가 되어서 함께 살아요.

선　녀 : 그래요. 아내가 될게요.

다 같이 〈장가가네〉 노래를 부른다.

선녀와 나무꾼이 손을 맞잡고 음악에 맞춰서 퇴장한다.

## 장가가네

차은진 작사 · 작곡

⇨ 해설 등장(등장 음악에 맞추어 무대 앞으로 나와 마이크 앞에 선다)

**해 설** 나무꾼과 선녀는 결혼을 해 아이들을 낳았는데(낳았는데),
그러던 어느 날, 선녀는 하늘나라에 가고 싶어서 울고 있었구나(울고 있었구나).
슬퍼하는 선녀에게 나무꾼이 날개옷을 주자(날개옷을 주자),
선녀는 아이들을 안고 하늘로 올라가는구나(올라가는구나).
슬퍼하던 나무꾼이 다시 사슴을 찾아가고(사슴을 찾아가고).

⇨ 해설 퇴장(퇴장 음악에 맞추어 무대 위 뒤편으로 들어간다)

⇨ 나무꾼과 사슴이 음악에 맞추어 등장한다.

나무꾼 : 사슴아! 선녀가 하늘로 올라가 버렸어. 어떻게 하지?

⇨ 나무꾼 〈소원은2〉 노래를 부른다.

## 소원은 2

차은진 작사 · 작곡

사 슴 : 날개옷을 벌써 주셨군요. (잠시 생각을 하며) 음~ 아!

➩ 사슴 〈좋은 수가 있어요2〉 노래를 부른다.

## 좋은 수가 있어요 2

차은진 작사 · 작곡

⇨ 노래 후 사슴은 퇴장하고, 두레박이 내려오고 나무꾼은 두레박을 붙잡고 노래하면서 퇴장한다.

⇨ 다 같이 〈올라가네〉 노래를 부른다.

⇨ 해설 등장(음악에 맞추어 무대 앞으로 나와 마이크 앞에 선다)

**해 설** 마음씨 착한 나무꾼은 하늘나라에서 선녀와 아이들을 만나 행복하게 살았답니다.

⇨ 해설 퇴장(퇴장 음악에 맞추어 무대 위 뒤편으로 들어간다.)

## 올라가네

차은진 작사 · 작곡

## 단위 활동 계획안

| 활동 제목 | 선녀와 나무꾼의 아이들 이름 짓기 |
|---|---|
| 활동 유형 | 언어 활동 |
| 활동 목표 | 「선녀와 나무꾼」 동화의 내용을 듣고, 구전 동화의 작가가 되어 동화 속 아이들의 이름을 지어 본다. |
| 준 비 물 | 활동지, 연필, 사인펜, 색연필 |
| 활동 방법 | 내 용 |
| 도 입 | • 구전 동화의 의미를 이야기한다.<br>- 한글이 지금처럼 잘 쓰이지 않던 옛날에는 동화를 책으로 만들지 못하고 사람의 입을 통해 듣고 전해졌단다.<br>- 동화 속의 주인공 이름이나 지명은 정확하게 전해지지 않았어.<br>• 우리나라의 전통 '호주제'에 대해 이야기를 나눈다.<br>- 엄마의 성과 내 성이 같은 친구 있니?<br>- 아빠의 성과 나의 성은 같니?<br>- 왜 아빠의 성과 같을까?<br>- 요즘에는 엄마의 성을 따르는 경우도 있어. |
| 전 개 | • 내가 동화 속 주인공(나무꾼)이 되어서 아이들의 성별을 만든다.<br>- 아이들은 몇 명이었니?<br>- 아들과 딸은 어떻게 되었을까?<br>- 누가 첫째였을까?<br>- 둘째는 딸이었을까?<br>• 아이들의 이름을 지어 본다.<br>- 딸 혹은 아들인 첫째의 이름이 무엇이었을까?<br>- 왜 그런 이름을 지었니? |
| 평 가 | • 활동지를 보여 주며 친구들에게 소개한다.<br>- 소개할 때는 자신의 이름을 밝힌다.<br>- 첫째, 둘째의 성별을 이야기한다.<br>- 이름을 정한 이유를 설명한다. |

| 활동 제목 | 1보다 큰 수 10보다 작은 수 |
| --- | --- |
| 활동 유형 | 수 활동 |
| 활동 목표 | 1~10까지의 수 중에서 큰 수와 작은 수를 알고 순서대로 나열할 수 있다. |
| 준 비 물 | 종이컵(또는 플라스틱 컵), 사슴 인형, 1~10의 수 |
| 활동 방법 | 내 용 |
| 도 입 | • 나무꾼이 사슴을 숨겨 주었던 장면을 생각해 본다.<br>- 사슴이 쫓겨왔을 때 나무꾼이 어떻게 해 주었니?<br>- 나무꾼이 해 놓은 나무 뒤에 숨으니까 찾기 쉬웠니? 어려웠니?<br>- 선생님이 사슴을 숨겨 볼 테니 우리 친구들이 찾아볼 수 있겠니? |
| 전 개 | • 교사가 종이컵 위에 1~10까지 숫자를 붙인다.<br>- 여기 종이컵 위에 어떤 숫자가 있니?<br>- 종이컵 아래에 사슴 인형을 넣을 테니 우리 친구들이 찾아볼까?<br>• 유아들은 눈을 감고 교사가 1~10중 한 숫자에 사슴을 넣는다.<br>• 눈을 뜨게 한 후 사슴을 숨긴 숫자를 맞히도록 한다.<br>- "~보다 커요?, ~보다 작아요?"라고 선생님에게 질문을 해 보자.<br>- 선생님은 "네"와 "아니오"라고 답할 거야.<br>• 교사는 "~보다 크고 ~보다 작아요."라고 이야기하며 범위를 좁혀서 유아들이 맞힐 수 있도록 한다. |
| 평 가 | • 활동을 통해 1~10까지의 수를 알았니?<br>• 활동이 잘 진행될 경우 숫자를 1~20까지 확장할 수 있다. |

| 활동 제목 | 선녀 만들기 |
|---|---|
| 활동 유형 | 미술 활동 |
| 활동 목표 | 선녀의 아름다운 모습과 생김새를 다양한 재료를 이용하여 창의적으로 표현할 수 있다. |
| 준 비 물 | 일회용 숟가락, 주름지, 눈알, 뽕뽕이, 털실, 본드, 글루건, 부직포, 다양한 천, 페트병(200ml), 스팽글, 검정 도화지 |
| 활동 방법 | 내 용 |
| 도 입 | •「선녀와 나무꾼」 동화에 나오는 선녀의 모습을 생각해 본다.<br>- 선녀가 하늘에서 내려와 목욕을 하는 모습이 어땠을까?<br>- 그 모습을 본 나무꾼은 어떤 생각을 했을까?<br>• 선녀의 생김새와 날개옷을 살펴본다.<br>- 선녀의 얼굴은 어떻게 생겼을까?<br>- 선녀가 입고 있는 날개옷은 어떻게 생겼을까? |
| 전 개 | • 선녀 만들기 방법을 알아 본다.<br>- 일회용 숟가락에 눈알과 털실을 붙여서 선녀 얼굴을 꾸민다.<br>- 200ml 페트병에 꾸민 숟가락을 넣어서 붙이고 주름지와 다양한 천을 이용하여 선녀에게 옷을 입혀 준다.<br>- 몸통에 팔을 붙인다. |
| 평 가 | • 유아들이 만든 작품을 친구들에게 발표하는 시간을 갖는다.<br>- 선녀의 모습에서 어떤 점이 잘 표현되었니? |

| 활동 제목 | 사슴과 사냥꾼 |
|---|---|
| 활동 유형 | 게임 활동 |
| 활동 목표 | • 동화 속 사냥꾼과 사슴의 관계를 알고, 등장인물의 입장이 되어 본다.<br>• 게임을 통해 민첩성을 기른다. |
| 준 비 물 | 사슴 역할 머리띠, 화살과 활 |
| 활동 방법 | 내 용 |
| 도 입 | • 동화 장면(사냥꾼이 사슴을 쫓는 장면)을 보여 준다.<br>- 사슴에게 어떤 일이 일어났니?<br>- 사냥꾼은 왜 사슴을 쫓아갔을까?<br>- 사슴의 마음은 어떨까?<br>- 우리도 사냥꾼과 사슴이 되어서 게임을 한다면 어떤 규칙을 정할 수 있을까? |
| 전 개 | • 게임 방법과 규칙을 안내한다.<br>- 유아들은 사냥꾼과 사슴이 되어서 역할 머리띠를 쓰고 준비한다.<br>- 사냥꾼이 10을 세고 사슴을 찾으러 간다.<br>- 사슴은 잡히지 않도록 도망간다(제한된 범위를 두어서 멀리까지 도망가지 않도록 한다).<br>- 사냥꾼이 눈을 감고 숫자를 셀 동안만 움직일 수 있고 술래는 걷거나 네 발로 걸을 수 있다.<br>- 사슴이 나무 뒤에까지 도착하면 안전하게 쉴 수 있다.<br>- 술래의 숫자 세기가 끝났을 때 움직이면 사냥꾼 영역으로 나온다.<br>- 모든 사슴이 나무 뒤로 들어갔을 때 사냥꾼 영역에 있는 사슴들 중 가위바위보를 해서 진 사람이 다시 사냥꾼이 된다.<br>• 게임 시범을 보인다.<br>• 사냥꾼 역할을 정한 후, 게임을 시작한다(이때 사냥꾼은 활과 화살로 역할을 표현한다). |
| 평 가 | • 게임이 끝난 후 유아들과 게임에 대한 평가를 한다.<br>- '사슴과 사냥꾼' 게임을 하고 나니 어땠니?<br>- 사슴의 기분은 어땠니?<br>- 사냥꾼은 사슴이 잡히지 않았을 때 어떤 마음이었을까? |

| 활동 제목 | 선녀가 목욕을 해요 |
|---|---|
| 활동 유형 | 신체 표현(헨델의 〈수상 음악〉) |
| 활동 목표 | 헨델의 수상 음악을 듣고, 느낌을 몸으로 다양하게 표현할 수 있다. |
| 준 비 물 | 카세트 플레이어, CD, 연못 배경 그림, 선녀 머리띠, 선녀 날개옷 |
| 활동 방법 | 내 용 |
| 도 입 | • 헨델의 〈수상 음악〉을 들려준다.<br>- 헨델이라는 작곡가에 대한 배경을 이야기한다.<br>- 어떤 느낌이 드는지 잘 들어 보자.<br>• 노래극의 주인공 중에서 어떤 인물이 떠오르는지 생각해 본다.<br>- 이 음악이 나오면 어떤 주인공이 나타날 것 같니?<br>- 왜 그 모습이 떠올랐니? |
| 전 개 | • 선녀가 목욕을 할 때의 모습을 떠올리며 유아들이 선녀가 되어 몸으로 표현해 본다.<br>- 선녀가 하늘나라에서 연못으로 날갯짓하며 내려오는 모습은 어떨까?<br>- 날개옷을 입었다면 물속에서 어떻게 움직일 수 있을까?<br>- 하늘나라에서 지상으로 내려올 만큼 깨끗하고 맑은 물에서 목욕을 한다면 어떤 느낌이 들까?<br>- 이런 맑은 물에서 목욕을 하면 선녀의 몸은 물속에서 어떻게 움직였을까?<br>- 밖으로 나와야 하는데, 만약 옷이 없어졌다면 선녀는 어땠을까?<br>- 하늘나라로 다시 올라가는 다른 선녀들의 모습은 어땠을까? |
| 평 가 | • 소개하고 싶은 유아가 나와서 선녀 머리띠와 옷을 입고 몸으로 표현한다.<br>- ○○이가 하늘나라에서 내려오는 선녀의 모습을 잘 표현해 주었니?<br>- 누가 물속에서 목욕하는 모습을 잘 표현해 주었니?<br>- 또 다른 모습이 떠오르는 친구는 나와서 표현해 보도록 하자. |

# 단군 신화

## 주제선정동기

「단군 신화」는 환웅이 하늘에서 내려와 단군을 낳고 단군이 환웅의 뜻을 이어받아 훌륭하게 세상을 이끌어 가다가 신선이 되어 하늘로 되돌아가는 이야기입니다. 환웅이 하늘에서 내려와 웅녀와의 사이에서 단군을 낳았고, 그 단군이 하늘과 땅, 자연, 동물, 신과 인간 모두를 어우러지게 하는 내용입니다. 처음 접하는 아이들에게는 다소 생소하게 느껴질 수도 있는 신화 이야기이지만 책 속 이야기를 만나 보면 우리 신화의 소중함을 느낄 수 있을 것입니다.

하늘과 땅, 신과 인간, 인간과 자연, 인간과 동물이 함께 밝은 세상을 만들며 어우러졌던 그 시대에 대해 배울 수 있고, 우리가 주위 환경과 어떻게 조화를 이루고 살아야 하는지를 알 수 있는 등 교육적 의의가 있어 주제로 선정하였습니다.

아이들은 노래극을 통해 우리 조상들이 서로 도우며 살아가는 삶의 모습과 우리 겨레의 뿌리, 조상들의 삶 등 우리의 역사에 친근감을 느끼며 접근할 수 있을 것입니다.

# 주제망 구성

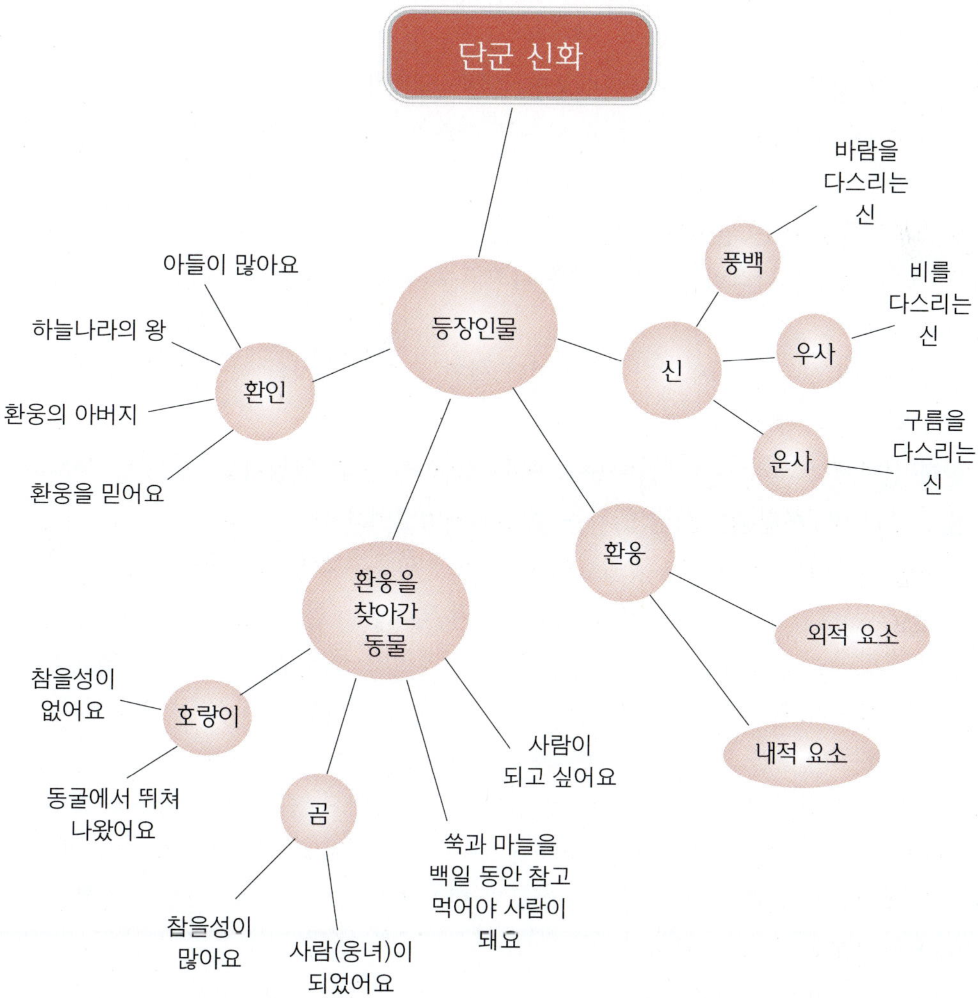
단군 신화
등장인물
환인
아들이 많아요
하늘나라의 왕
환웅의 아버지
환웅을 믿어요
신
풍백
바람을 다스리는 신
우사
비를 다스리는 신
운사
구름을 다스리는 신
환웅
외적 요소
내적 요소
환웅을 찾아간 동물
호랑이
참을성이 없어요
동굴에서 뛰쳐 나왔어요
곰
참을성이 많아요
사람(웅녀)이 되었어요
쑥과 마늘을 백일 동안 참고 먹어야 사람이 돼요
사람이 되고 싶어요

## 줄거리

아주 오랜 옛날, 하늘나라에는 '환인' 이라는 왕이 살고 있었어요. 환인에게는 아들이 여럿 있었는데, 특히 '환웅' 이라는 아들은 사람들이 사는 세상에 관심이 많았어요. 그래서 가끔 사람들이 사는 땅을 내려다보면서 부러워했지요.

어느 날, 환인은 아들을 불러 놓고 나라를 다스려 보라고 하였고, 환웅은 태백산 근처에 나라를 세워보겠다고 하였어요. 환인은 환웅에게 천부인 3개를 주었어요.

환인의 허락을 받은 환웅은 3,000명의 무리를 이끌고 태백산 신단수 아래로 내려왔어요. 또한 바람을 다스리는 풍백, 비를 다스리는 우사, 구름을 다스리는 운사도 함께 왔어요.

환웅은 여러 신들과 함께 선과 악, 질병과 생명, 그리고 농사와 형벌을 비롯한 360여 가지의 일을 맡아 백성들을 다스렸어요.

한편 신시에서 그리 멀지 않은 곳에 곰과 호랑이가 살고 있었어요. 늘 사람 사는 세상을 엿보던 이 두 짐승은 사람이 되는 것이 소원이었어요.

그래서 환웅이 있는 곳으로 찾아갔어요. 그러자 환웅은 호랑이와 곰에게 쑥 한 타래와 마늘 스무 개를 나누어 주며 100일 동안 참고 먹으면 사람이 된다고 했어요.

곰과 호랑이는 환웅이 준 쑥과 마늘을 가지고 햇볕이 들지 않는 동굴로 들어갔어요. 그러고는 환웅의 말대로 쑥과 마늘만 먹었어요. 쑥과 마늘은 몹시 쓰고 매웠어요. 쑥 한 줄기, 마늘 한 쪽을 먹을 때마다 눈물이 날 지경이었지요.

하지만 곰은 참고 먹는데 호랑이는 못 참고 뛰쳐나갔어요. 곰이 쑥과 마늘을 먹은 지 100일이 되던 날 곰은 자고 일어나 냇가에 가서 얼굴을 보았더니 여자로 변해 있었어요. 그 후에 환웅에게 가서 사람이 되었다고 말하였지요. 그리고는 환웅과 결혼을 해 행복하게 살았답니다.

## 시나리오

- 다 같이 입장 : 구름신(2명), 바람신(2명), 비신(2명), 환웅(3명), 곰(3명), 호랑이(3명), 해설 친구들(5명)
- 다 같이 인사 : 일어서기-차렷-인사-자리에 앉기
- 다 같이 말하기 : 제목 단군 신화
- 2명의 어린이가 단군 신화가 쓰여 있는 글자판을 들고 입장한다(입장 음악-아리랑)
- 해설 친구들(5명)이 장구 자리로 가서 선다.
- 꽹과리 : 굿거리장단 x 2
- 피아노 : 전주(2마디) 연주
- 장구 : 장단 치기

### 하늘의 아들 환웅

(장구–해설 친구들)

차은진 작사 · 작곡

➩ 해설 등장 : (음악-반딧불)

해 설 아주 옛날에 하늘의 아들 환웅이!(얼쑤!) 비신, 바람신, 구름신과 함께 아름다운 나라를 세우고 싶어(둥둥…), 땅으로 내려왔다네(허이~).

➩ 비신, 바람신, 구름신 등장 : (음악-전통 무용 음악)

➩ 호랑이, 곰, 해설 친구들(5명) 장구 자리로 이동

해 설 음~ 환웅님의 말씀대로 비, 바람, 구름이 내려, 사람들을 도와주어야겠구나!(얼쑤~)

➩ 해설 퇴장 : (음악-새야 새야)

➩ 꽹과리 : 별달거리 x 2

➩ 장구와 피아노 : 별달거리 x 2



## 별달거리

(장구-호랑이, 곰, 해설 친구들)

다 같이 노래

땅을 고르고 씨를 뿌려 바람 불면 구름 생겨
덩덩 쿵덕쿵 쿵덕 쿵덕 쿵덕쿵
구름 생겨 비가 오면 씨가 자라 싹이 트고
덩덩 쿵덕쿵 쿵덕 쿵덕 쿵덕쿵
올해도 대풍이요 내년에도 풍년일세
덩덩 쿵덕쿵 쿵덕 쿵덕 쿵덕쿵
얼씨구나 얼씨구나 지화자 좋~ 다
덩덩 쿵덕쿵 쿵덕 쿵덕 쿵덕쿵 x 4

➩ 비신, 바람신, 구름신 퇴장

➩ 호랑이, 곰, 해설 친구들(5명) 자기 자리로 퇴장 : (음악-전통 무용 음악)

➩ 해설 등장 : (음악-반딧불)

해 설 환웅은 농사 짓는 법을 가르치고(가르치고~), 360여 가지 법을 지켜 살아가도록 하였으나(허이!), 살기가 좋을수록 서로 싸우는구나(싸우는구나~).
그러던 어느 날 곰과 호랑이가 찾아와 사람이 되기를 간절히 원하는구나(원하는구나~ 얼쑤!).

⇒ 해설 퇴장 : (음악-새야 새야)

⇒ 곰, 호랑이 등장

⇒ 비신, 바람신, 구름신 장구 자리로 이동

곰, 호랑이 : 인간이 되고 싶습니다.

환웅 : 인간이 되려면 고통이 따르는 법! 정녕 사람이 되기를 원한다면!

⇒ 꽹과리 : 휘모리장단

⇒ 장구와 피아노 : 장단 치기(2마디)

## 쑥과 마늘만 먹어

(장구-비신, 바람신, 구름신)

차은진 작사 · 작곡

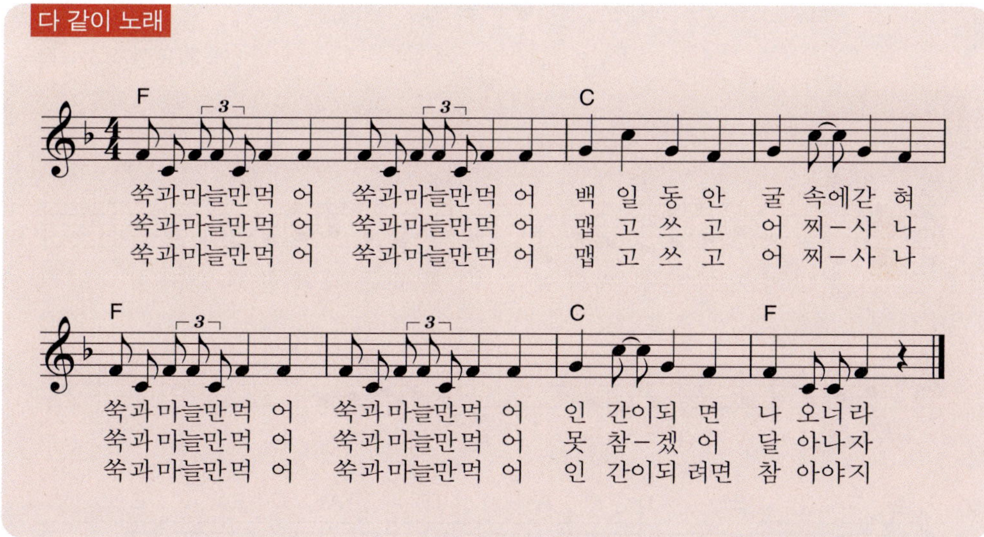


환웅 : 쑥과 마늘만 먹어 쑥과 마늘만 먹어(다 같이) 백일 동안 굴속에 갇혀(환웅만)
쑥과 마늘만 먹어 쑥과 마늘만 먹어(다 같이) 인간이 되면 나오너라(환웅만)

⇒ 환웅 쑥과 마늘만 던져 주고 퇴장

호랑이 : 쑥과 마늘만 먹어 쑥과 마늘만 먹어(다 같이) 맵고 쓰고 어찌 사나(호랑이만)
쑥과 마늘만 먹어 쑥과 마늘만 먹어(다 같이) 못 참겠어 달아나자(호랑이만)
퉤퉤! 도저히 나는 못 참겠어! (쑥과 마늘을 바닥에 던지며) 에잇!

⇒ 호랑이 퇴장

곰 : 쑥과 마늘만 먹어 쑥과 마늘만 먹어(다 같이) 맵고 쓰고 어찌 사나(곰만)
　　쑥과 마늘만 먹어 쑥과 마늘만 먹어(다 같이) 인간이 되려면 참아야지(곰만)

⇨ 인간으로 변하는 곰 : (음악-베토벤 바이러스)

⇨ 해설 등장 : (음악-반딧불)

**해 설** 호랑이는 참지 못하고 굴을 빠져나갔지만 참을성 있는 곰은 어여쁜 여자가 됐느니라!(얼씨구~ 지화자 좋다~!)

⇨ 해설 퇴장하며, 환웅 장구 자리로 이동

⇨ 꽹과리 : (경사로세부터) 자진모리장단 x 2

⇨ 장구와 피아노 : 전주(2마디)

## 경사로세

(장구-환웅)

차은진 작사 · 작곡

**다 같이 노래**

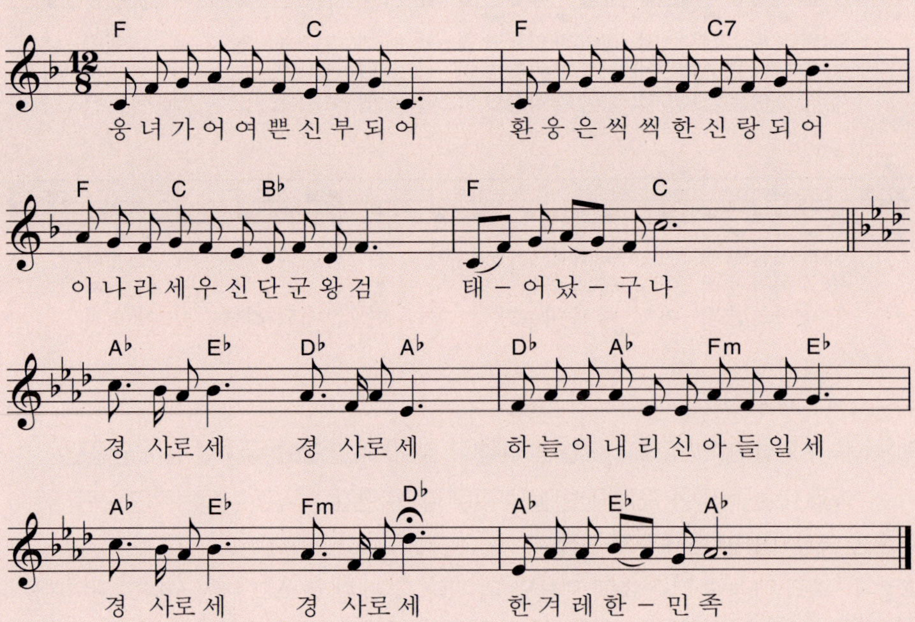

# 단위 활동 계획안

| 활동 제목 | 단군 신화 | | |
|---|---|---|---|
| 활동 유형 | 동화 듣기 | | |
| 활동 목표 | •「단군 신화」 동화에 관심을 갖고, 동화 속 등장인물과 동화 내용의 순서에 대해 알아본다.<br>•「단군 신화」 동화를 통해 우리나라 건국 이념과 형성 과정에 대해 알아본다.<br>• 동화를 바르게 즐겨 듣는 태도를 기른다. | | |
| 준 비 물 | 「단군 신화」 판동화, 주의 집중 자료(덮개가 덮인 쑥 그릇과 파 그릇) | | |
| 집단 형태 | 대집단 | 소요 시간 | 20분 |
| 활동 방법 | 내 용 | | |
| 도 입 | • '마늘'과 '쑥'의 냄새를 맡고 맞춰 본다.<br>• 마늘과 쑥이 등장하는 「단군 신화」 동화를 소개한다.<br>- 마늘이나 쑥을 먹어 본 어린이 있니?<br>- 마늘과 쑥을 오랫동안 먹은 동물이 있대. 또 마늘과 쑥을 오래 먹으려고 했지만 못 먹은 동물도 있대. 어떤 동물인지 동화를 보고 이야기할까? | | |
| 전 개 | • 교사가 들려주는 「단군 신화」 판동화를 듣는다.<br>• 동화의 등장인물과 순서를 회상한다.<br>- 처음 하늘에서 누가 땅에 내려왔다고 했지? 이 땅에 왜 내려왔을까?<br>- 환웅과 비신, 구름신, 바람신이 함께 땅에 내려와서 무엇을 했지?<br>- 농사를 짓고 사는 사람들을 보고 사람이 되고 싶다고 두 종류의 동물이 찾아왔어. 누구와 누구였지?<br>- 환웅은 동물들에게 사람이 될 수 있는 방법을 알려 줬어. 어떤 방법이었지?<br>- 곰이 동굴에서 100일 동안 마늘과 쑥을 먹고 사람 웅녀가 되었지. 사람이 된 웅녀는 어떻게 되었을까?<br>- 웅녀와 환웅이 결혼해서 누가 태어났지?<br>• 단군 신화의 건국 이념을 회상하며 살펴본다.<br>- 단군이 자라 이 땅을 어떻게 만들자고 했었지?<br>- '널리 인간을 이롭게 한다.'라는 말은 무슨 말일까?<br>- '모든 사람이 모두 행복하게 살자.'라는 뜻이란다.<br>• 단군 신화를 의미를 안내한다.<br>- 이 동화는 우리나라에 처음 국가가 어떻게 생겼는지 알려 주는 신화란다. | | |
| 평 가 | • '널리 인간을 이롭게 한다.'라는 말을 실천하기 위해 우리가 할 수 있는 것들에 대해 말해 볼까? | | |

<table>
<tr><td>활동 제목</td><td colspan="3">카드 뒤집기</td></tr>
<tr><td>활동 유형</td><td colspan="3">게임 활동</td></tr>
<tr><td>활동 목표</td><td colspan="3">•「단군신화」에 등장하는 '쑥'과 '마늘'에 관심을 갖고, 이것을 먹고 사람이 된 웅녀의 이야기를 안다.<br>• 게임 방법과 규칙을 알고 게임에 즐겁게 참여한다.</td></tr>
<tr><td>준 비 물</td><td colspan="3">양면 그림(쑥/마늘)이 있는 판 30개</td></tr>
<tr><td>집단 형태</td><td>대집단</td><td>소요 시간</td><td>20분</td></tr>
<tr><td>활동 방법</td><td colspan="3">내 용</td></tr>
<tr><td>도 입</td><td colspan="3">• 동화 내용을 회상한다.<br>- 환웅이 땅에 내려와 살기 시작했는데 호랑이와 곰이 사람이 되고 싶어 했어. 환웅이 방법을 알려 줬는데, 무엇을 먹으면 사람이 된다고 했지?<br>• 게임 자료를 소개하며 게임 방법을 예측한다.<br>- 선생님이 '쑥'과 '마늘' 그림 카드를 가져왔어. 카드가 정말 많네. 이걸로 게임을 할 텐데 어떻게 하는 게임일까?</td></tr>
<tr><td>전 개</td><td colspan="3">• 게임 방법을 소개한다.<br>- 쑥 팀은 쑥 그림이, 마늘 팀은 마늘 그림이 많이 나오게 카드를 뒤집는 거야. 호루라기 소리가 들리면 멈추고 그림이 많이 나온 팀이 이기는 거야.<br>• 팀을 정한 후, 팀의 인원수를 확인한다.<br>• 유아 2명이 나와 시범을 보인다.<br>• 게임 점수와 관련된 규칙과 응원 태도에 대해 안내한다.<br>- 호루라기 소리가 난 후 카드를 뒤집으면 그 팀은 점수를 얻을 수 있을까?<br>- 게임 카드를 들고 다닌다면 그 팀은 점수를 얻을 수 있을까?<br>- 규칙을 지키면서 더 많은 카드를 뒤집은 팀이 점수를 얻는 게임이란다.<br>- 게임에는 응원 점수도 있단다. 다른 친구가 할 때 바르게 앉아서 친구를 열심히 응원하는 팀이 점수를 받게 된단다.<br>• 각 팀에서 유아 4~6명씩 나와 게임에 참여한다.<br>• 각 회차마다 카드의 수를 확인한 후, 규칙에 따라 점수를 부여한다.<br>• 합산된 게임 점수를 확인하고, 전체 응원 점수를 부여한다.<br>• 총 점수를 계산하여 이긴 팀을 발표한다.</td></tr>
<tr><td>평 가</td><td colspan="3">• 쑥과 마늘을 먹은 곰이 결국엔 어떻게 되었니?<br>• 게임을 하며 좋았던 점과 아쉬웠던 점, 어떻게 하면 더 재밌게 할 수 있을지에 대해 이야기를 해 볼까?</td></tr>
</table>

| 활동 제목 | 경사로세 | | |
|---|---|---|---|
| 활동 유형 | 노래 배우기 | | |
| 활동 목표 | 교육적 목표 | •「단군 신화」 동화를 회상하며 단군의 결혼 과정에 대해 안다.<br>• 다른 사람을 이롭게 하는 건국 이념에 관심을 갖고 적용해 본다. | |
| | 음악적 목표 | • 굿거리 장단에 호기심을 갖는다.<br>• 우리나라 전통 악기인 장고의 장단을 들려준다.<br>• 소고를 연주하는 방법을 안다.<br>• 변조의 느낌을 즐거움으로 표현해 본다. | |
| 준 비 물 | 노래판, 장고, 소고 | | |
| 집단 형태 | 대집단, 소집단 | 소요 시간 | 20분 |
| 활동 방법 | 내　　용 | | |
| 도　입 | • 전통 혼례 옷을 입은 신랑과 신부를 보여 준다.<br>– 뭐하는 것일까? 결혼하는 거란다.<br>– (아이 인형을 보여 주며) 결혼해서 아이를 낳았대요. 바로 단군이라는 우리나라를 세우신 분이지. | | |
| 전　개 | • 노래판을 보여 주며 노랫말을 알려 준다.<br>• 노랫말을 읽어 주고 리듬 노래로 들려준다.<br>• 음에 맞추어 노래를 불러 준다.<br>• 노랫말에 맞추어 인형을 등장시켜 움직인다.<br>• '경사로세' 라는 노랫말이 나올 때는 손뼉을 치며 장단을 맞추어 본다.<br>• 앞의 2소절은 선생님이 부르고 '경사로세' 부분은 유아들이 부르도록 해 준다.<br>• 유아들이 손뼉으로 장단을 잘 맞추면 소고를 가지고 장단을 맞추며 노래 부르기를 해 본다.<br>• 선생님은 굿거리 장단으로 장고를 치며 함께 노래를 부른다.<br>• 정확한 음을 익히기 위해 피아노 반주에 맞추어 합창한다.<br>• 변조가 되는 부분은 감정을 고조해서 흥겹고 크게 부르며, 모든 유아가 동참해서 부르도록 한다. | | |
| 평　가 | • 연주한 소고의 이름을 알았니? 연주해 보니 재미있었니?<br>• 선생님이 연주한 장고는 어떤 소리였니?<br>• '경사로세' 라는 노랫말이 나올 때는 왜 크게 불렀니?<br>• 우리나라 악기로 연주를 해 보니 재미있었니? | | |

<table>
<tr><td>활동 제목</td><td colspan="3">점토로 곰과 호랑이 만들기</td></tr>
<tr><td>활동 유형</td><td colspan="3">미술 활동</td></tr>
<tr><td>활동 목표</td><td colspan="3">• 「단군 신화」의 내용을 기억한다.<br>• 점토의 부드러움에 안정감을 느낀다.<br>• 곰과 호랑이를 관찰한다.<br>• 곰과 호랑이를 만들어 본다.</td></tr>
<tr><td>준 비 물</td><td colspan="3">「단군 신화」 동화책, 곰과 호랑이 그림, 점토, 성냥개비</td></tr>
<tr><td>집단 형태</td><td>소집단 - 4, 5명의 유아와 교사</td><td>소요 시간</td><td>30분</td></tr>
<tr><td>활동 방법</td><td colspan="3">내 용</td></tr>
<tr><td>도 입</td><td colspan="3">• 「단군 신화」 동화책을 보여 준다.<br>- 친구들이 알고 있는 동화인데 선생님이 들려준 이유는 우리가 만들기를 해 보려고 그래.<br>- 웅녀가 된 곰과 호랑이를 점토로 만들어 볼까?</td></tr>
<tr><td>전 개</td><td colspan="3">• 곰과 호랑이 사진이나 그림을 보여 준다.<br>- 곰과 호랑이 조각을 멀티로 보여 준다.<br>• 곰의 모양과 호랑이 모양을 자세히 관찰하고 특징에 대해 설명해 준다.<br>• 점토를 보여 주며 만드는 방법에 대해 이야기를 나눈다.<br>- 성냥개비를 중간 중간에 끼워 뼈대를 만들어 보자.<br>- 너희들이 곰을 만들지 호랑이를 만들지 선택해 보자.<br>• 완성품을 보여 주지 않고 중간 과정만 보여 준다.<br>• 점토를 나누어 주고 만들기를 시작한다.<br>• 유아들이 어려워 하면 함께 도와주면서 완성하도록 한다.<br>• 친구들에게 각자의 작품을 소개하고 스스로 설명한다.<br>• 완성된 작품은 이름을 붙인 다음 미술 영역에 전시해 준다.</td></tr>
<tr><td>평 가</td><td colspan="3">• 「단군 신화」의 내용을 기억했니?<br>• 점토를 만지면서 안정감을 느꼈니?<br>• 곰과 호랑이의 몸을 잘 관찰했니 ?<br>• 자신이 원하는 동물을 선택해서 즐겁게 만들었니?</td></tr>
</table>

# 임금님 귀는 당나귀 귀

## 주제선정동기



갈대숲에서 모자 할아버지가 "임금님 귀는 당나귀 귀"라고 외치는 이 동화는 우습기도 하지만 슬프기도 한 이야기로, 유아들에게는 생소한 전래 동화이지만 한번 들으면 성인이 되어서도 잊을 수 없는 내용입니다. 인간의 억눌림, 비밀, 위선, 분노, 슬픔의 감정이 잘 담겨져 있어 유아에게 다양한 감정을 소개하고 표현할 수 있습니다.

또한 당나귀처럼 긴 귀를 가진 임금님을 표현함으로써 평생 잊지 못할 추억을 갖게 되며, 임금님이 사는 궁중의 모습에서 명령과 순종이라는 옛 문화를 이해하는 기회가 될 수 있어 이 동화를 노래극 주제로 선정하였습니다.

# 주제망 구성

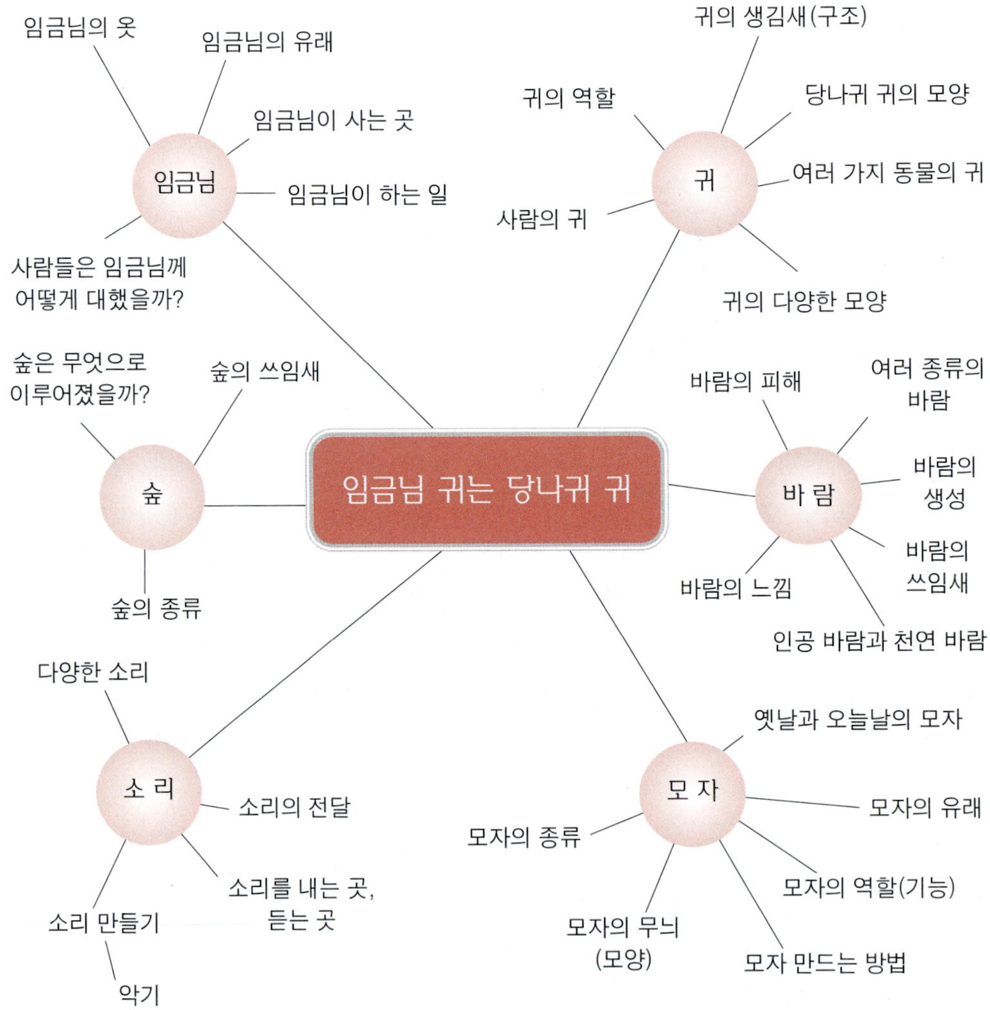
임금님 귀는 당나귀 귀
임금님
임금님의 옷
임금님의 유래
임금님이 사는 곳
임금님이 하는 일
사람들은 임금님께 어떻게 대했을까?
귀
귀의 생김새(구조)
귀의 역할
당나귀 귀의 모양
여러 가지 동물의 귀
사람의 귀
귀의 다양한 모양
숲
숲은 무엇으로 이루어졌을까?
숲의 쓰임새
숲의 종류
바 람
바람의 피해
여러 종류의 바람
바람의 생성
바람의 쓰임새
바람의 느낌
인공 바람과 천연 바람
소 리
다양한 소리
소리의 전달
소리를 내는 곳, 듣는 곳
소리 만들기
악기
모 자
옛날과 오늘날의 모자
모자의 유래
모자의 종류
모자의 역할(기능)
모자의 무늬 (모양)
모자 만드는 방법

## 줄거리

옛날 한 마을에 어진 임금님이 살고 있었어요.

그런데 어느 날부터인가 임금님의 귀가 점점 길어지더니 당나귀 귀처럼 길어졌어요.

"어, 내 귀가 하룻밤 사이에 당나귀 귀처럼 커졌네. 이를 어쩌나, 백성들이 내 귀를 보면 놀릴 것이 분명해. 엉엉…… 이 일을 어찌할꼬."

임금님은 괴로워하였어요. 며칠 동안 임금님은 자신의 귀를 보며 고민했어요. 그러다 좋은 생각이 났어요.

"옳지! 커다란 모자를 만들어 당나귀 귀 같은 큰 귀를 가리면 되겠구나~! 여봐라, 모자 만드는 할아버지를 당장 찾아오너라~!"하고 명령을 내렸어요.

모자를 잘 만들기로 소문난 모자 할아버지는 임금님 앞에 불려 갔어요.

임금님은 큰 귀를 보여 주며, 귀를 가릴 수 있는 모자를 만들어 달라고 부탁했어요.

그리고 절대 소문을 내서는 안 된다고 명령을 했어요.

모자 할아버지는 이 사실을 사람들에게 알리고 싶었어요. 그러나 말할 수가 없었어요. 임금님께서 절대 말해서는 안 된다고 명령을 내리셨기 때문이에요.

시간이 지날수록 답답한 마음에 병이 난 할아버지는 좋은 생각을 하게 되었어요.

아무도 모르는 갈대숲에서 비밀 이야기를 소리치기로 했어요.

이렇게 해서 모자 할아버지의 병은 깨끗이 나았어요.

그런데 그날 이후로 바람이 불 때마다 갈대숲에선 "임금님 귀는 당나귀 귀"라는 소리가 들리기 시작했어요. 사람들은 이상하게 생각했어요.

임금님은 사람들에게 진실을 말해야 하나, 고민을 하다가 결정을 내렸어요.

"더 이상 당니귀 같은 내 귀를 부끄럽게 생각하지 않을 거야."

임금님은 백성들을 불러 놓고 자신의 모자를 벗고 당나귀 귀를 보여 주었어요.

사람들은 깜짝 놀랐지만, 임금님의 거짓 없는 모습에 박수를 치며 좋아했어요.

그 후로 임금님의 귀는 백성들의 말을 잘 들어 주는 멋진 귀로 소문이 났답니다.

## 시나리오

# 1 막

- 다 같이 입장
- 다 같이 인사 : 일어서기-차렷-인사-자리에 앉기
- 다 같이 말하기 : 제목 임금님 귀는 당나귀 귀
- 다 같이 〈임금님 귀 미운 귀〉 노래를 부른다.

### 임금님 귀 미운 귀

차은진 작사 · 작곡

⇨ 해설 등장(등장 음악에 맞추어 무대 앞으로 나와 마이크 앞에 선다)

해 설 옛날 한 마을에 임금님이 살고 있었습니다. 그런데 하룻밤 사이에 임금님의 귀가 당나귀 귀처럼 커졌어요.

⇨ 해설 퇴장(퇴장 음악에 맞추어 무대 위 뒤편으로 들어간다)

⇨ 임금님 등장(등장 음악에 맞추어 입장한다)

임금님 : 이 귀를 어떻게 하면 좋을꼬? 옳지! 커다란 모자로 가리면 되겠구나!

⇨ 임금님 무대 왼쪽으로 이동한다.

⇨ 모자 할아버지 등장(등장 음악에 맞추어 무대 오른쪽으로 입장한다)

⇨ 임금님과 모자 할아버지 〈찾았어요〉 노래를 문답식으로 부른다.

### 찾았어요

차은진 작사 · 작곡

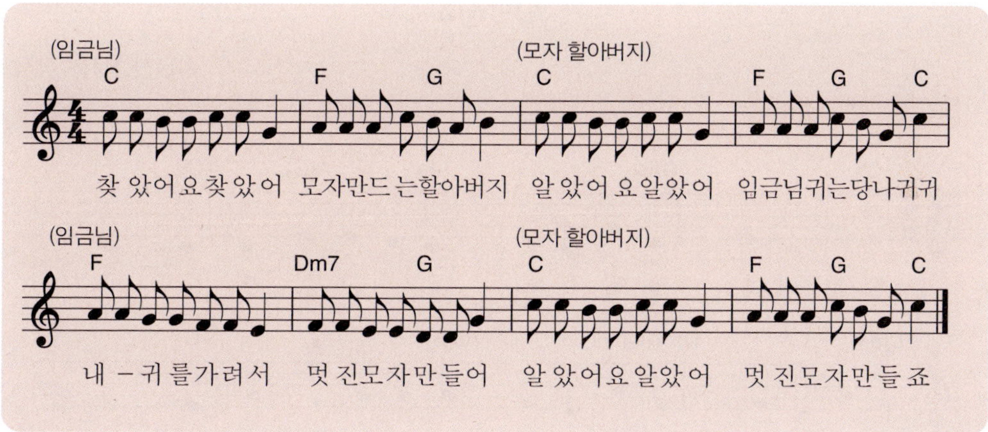


임금님 : 절대로 소문을 내서는 안 돼!

모자 할아버지 : 히히히, 잘 알았습니다.

⇨ 임금님 퇴장(퇴장 음악에 맞추어 무대 위 뒤편으로 들어간다)

⇨ 모자 할아버지 퇴장(퇴장 음악에 맞추어 무대 위 뒤편으로 들어간다)

## 2 막

- 해설 등장(등장 음악에 맞추어 무대 앞으로 나와 마이크 앞에 선다)

**해 설** 모자 할아버지는 임금님께 커다란 모자를 만들어 드렸지만 임금님 귀만 생각하면 웃음이 나왔고 모든 사람들에게 알리고 싶었어요. 하지만 임금님과 약속을 하였기 때문에 말할 수 없었지요. 그래서 말을 못하다 보니 그만 병이 나고 말았어요.

- 해설 퇴장(퇴장 음악에 맞추어 무대 위 뒤편으로 들어간다)
- 모자 할아버지 등장(등장 음악에 맞추어 무대 왼쪽으로 입장한다)
- 동네 사람 등장(등장 음악에 맞추어 무대 오른쪽으로 입장한다)
- 모자 할아버지 〈답답해요〉 노래를 부른다.

### 답답해요

차은진 작사 · 작곡

모자 할아버지와 동네 사람 〈무슨 걱정이 있나요〉 노래를 문답식으로 부른다.

## 무슨 걱정이 있나요

차은진 작사 · 작곡

동네 사람 : 걱정 마시고 갈대숲에서 크게 이야기해 보세요.

⇨ 동네 사람 퇴장(퇴장 음악에 맞추어 무대 위 뒤편으로 들어간다)

모자 할아버지 : 임금님 귀는 당나귀 귀~ 임금님 귀는 당나귀 귀~!

⇨ 모자 할아버지 퇴장(퇴장 음악에 맞추어 무대 위 뒤편으로 들어간다)

## 3 막

⇨ 해설 등장(등장 음악에 맞추어 무대로 나와 마이크 앞에 선다)



해 설 갈대숲에서 실컷 소리를 지른 모자 할아버지는 속이 시원했어요. 하지만 얼마 후 할아버지는 돌아가셨어요. 그런데 이상한 일이 일어났어요. 바람이 부는 날이면 갈대 숲에서 "임금님 귀는 당나귀 귀"라는 소리가 들렸고, 온 나라의 백성들은 이상한 임금님 귀에 대한 비밀을 알게 되었어요. 임금님은 고민이 되었어요.



⇨ 해설 퇴장(퇴장 음악에 맞추어 무대 위 뒤편으로 들어간다)

⇨ 임금님 등장(등장 음악에 맞추어 입장한다)

⇨ 임금님 〈괴로워요〉 노래를 부른다(후렴부터는 다 같이).

## 괴로워요

차은진 작사 · 작곡

임금님 노래

임금님 : 백성들에게 내 귀를 보여 줘야겠구나. 여봐라~ 모두 들어라. 내 귀는 당나귀 귀다!

⇨ 임금님 퇴장(퇴장 음악에 맞추어 무대 위 뒤편으로 들어간다)

⇨ 해설 등장(해설 음악에 맞추어 무대 앞으로 나와 마이크 앞에 선다)

해 설 임금님이 백성들에게 귀를 보여 준 후로 백성들도 임금님 귀를 부끄럽게 생각하지 않고 자랑스런 임금님으로 모시게 되었답니다.

⇨ 해설 퇴장(퇴장 음악에 맞추어 무대 위 뒤편으로 들어간다)

⇨ 다 같이 〈임금님 귀는 예쁜 귀〉 노래를 부른다.

### 임금님 귀는 예쁜 귀

차은진 작사 · 작곡

다 같이 : 임금님 만세!

⇨ 다 같이 : 차렷-인사-퇴장하기

⇨ 다 같이 퇴장(퇴장 음악에 맞추어 무대 뒤로 들어간다)

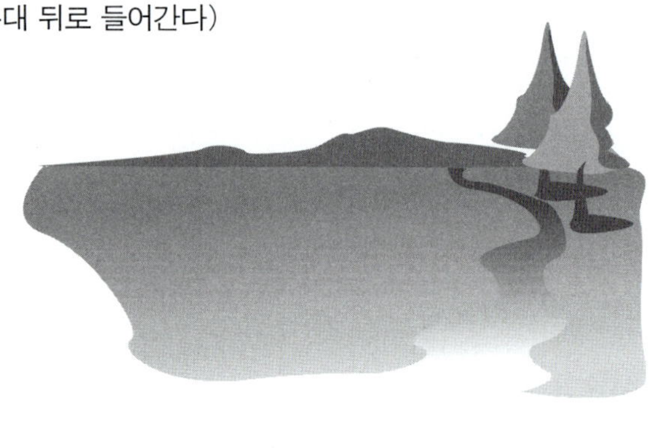

# 단위 활동 계획안

| 활동 제목 | 귓속말로 전해요 |
|---|---|
| 활동 유형 | 게임 활동 |
| 활동 목표 | 말을 정확하게 듣고 정확하게 전달할 수 있다. |
| 준 비 물 | 단어 카드, 눈 가리개, 점수판 |
| 활동 방법 | 내 용 |
| 도 입 | • "코코코코 귀" 손유희로 주의 집중을 시킨다.<br>• 우리 귀의 역할에 대해 이야기를 나눈다.<br>- 우리의 신체에는 여러 가지 기관이 있단다? 무엇이 있니?<br>- 그중에서도 우리의 귀는 어떤 역할을 할까?<br>- 우리 귀는 서로의 말을 듣게 하는데, 잘 들으려면 어떤 자세가 필요할까? |
| 전 개 | • 두 편으로 나누어서 앉는다.<br>• 준비물을 보고 게임의 내용과 방법을 예측해 본다.<br>• 유아들의 생각을 정리하여 게임 방법을 안내한다.<br>- 각 팀은 한 줄로 줄을 선다.<br>- 단어 카드를 볼 수 없도록 눈 가리개로 눈을 가린다.<br>- 교사가 가장 앞줄에 앉은 유아에게 단어 카드를 제시하며 단어를 귀에 들려준다.<br>- 이 유아는 뒤를 돌아 그 다음 유아에게 단어를 전달한다.<br>- 맨 마지막 유아에게 전달되면 앞으로 나와 다른 유아들 앞에서 전달받은 단어를 말한다.<br>- 제시한 단어 카드와 비교하여 맞추었을 경우 1점을 얻는다.<br>• 유아들과 게임에 필요한 규칙을 정하고 태도에 대해 이야기한다.<br>- 큰 소리로 말하지 않기로 하자.<br>- 단어 카드를 보지 않아야 한단다.<br>• 게임을 시작한다. |
| 평 가 | • 게임이 끝난 후 유아들과 함께 게임에 대한 평가를 한다.<br>- 어떤 때 우리 귀가 소리를 잘 들었니?<br>- 어떻게 해야 소리가 잘 들렸니?<br>- 어떤 때 말을 알아듣기가 어려웠니?<br>- 정확하게, 끝까지 전달을 많이 한 팀은 어느 팀이었니?(칭찬과 박수)<br>• 우리의 귀가 하는 역할을 알고 귀의 역할을 위한 우리의 자세와 태도에 대해 정리해 본 후 게임을 마친다. |

| 활동 제목 | 내가 만약 모자 할아버지라면? |
| --- | --- |
| 활동 유형 | 이야기 나누기 |
| 활동 목표 | 동화의 내용을 이해하고, 동화 속 인물이 되어 인물의 생각과 감정에 대해 알아본다. |
| 준 비 물 | 그림 동화, 화이트보드, 매직 |
| 활동 방법 | 내 용 |
| 도 입 | • 〈임금님 귀 미운 귀〉 노래를 부른다.<br>- 임금님의 귀가 어떻게 변했니?<br>- 그 모습이 어땠을까? |
| 전 개 | • 우리 주변에서 갑자기 변한 것이 있다면 무엇이 있을지 이야기를 나눈다.<br>- 임금님의 귀처럼 어느날 갑자기 우리 주변에서 변한 것을 본 적이 있니?<br>(예: 엄마 아빠의 머리 모양, 도시락 그릇, 친구의 모습 등)<br>• 임금님의 귀를 본 모자 할아버지의 입장이 되어 보며 그 마음이나 생각을 표현한다.<br>- 임금님의 귀를 본 모자 할아버지의 마음은 어땠을까?<br>- 모자 할아버지는 어떻게 해결했었니?<br>- 우리 친구들이 모자 할아버지였다면 마음이 어땠을 것 같니?<br>- 친구들이 모자 할아버지라면 어떻게 했을까?<br>• 답답한 마음을 해결할 수 있는 다양한 방법을 생각한다.<br>- 갈대숲에서 소리 지르는 것 말고, 또 다른 방법은 무엇이 있을까?<br>- 다른 나라 동화에서는 "임금님 귀는 당나귀 귀"를 땅에 구덩이를 파고 구멍에 소리를 지르는 방법으로 표현했대. 우리들이라면 어떻게 했을까? |
| 평 가 | • 다양한 생각에 대해 지지와 격려를 한다.<br>- 참 다양하고 좋은 생각들이 많이 있네.<br>- 모자 할아버지의 마음을 알았으니 한 번 더 〈임금님 귀 미운 귀〉 노래를 마음을 담아서 불러 보도록 하자. |

| 활동 제목 | 답답해요 |
|---|---|
| 활동 유형 | 노래 배우기 |
| 활동 목표 | 악기를 사용하여 새 노래를 익히며 즐겁게 부른다. |
| 준 비 물 | 노래 가사 판, 작은북, 소고 |
| 활동 방법 | 내 용 |
| 도 입 | •「임금님 귀는 당나귀 귀」 동화를 들려 준다.<br>- 동화를 듣는다.<br>- 그림을 보며 회상한다.<br>• 동화를 들으면서 느낀 점이나 생각한 것을 친구들에게 이야기한다.<br>- 마음이 답답하다는 것을 느껴 본 적이 있니?(경험 나누기) |
| 전 개 | •〈답답해요〉 노래를 들려 준다.<br>- 이 동화의 내용이 담긴 노래를 준비해 왔는데, 잘 들어 보자(피아노 반주와 함께 2번 반복해 노래를 듣는다).<br>• 글자 찾기, 악기 소리 세어 보기 등을 통해 노래를 집중해서 반복적으로 듣고 감상한다.<br>- '요' 라는 글자가 몇 번 나오는지 세면서 들어 보자. 들은 후에는 손가락으로 표시해 보자.<br>- 이번에는 악기를 준비했어. 무슨 악기인지 소리를 들어 보자(두두두두).<br>- 작은북을 준비했어. 노래를 부르면서 이 악기가 연주할 때 몇 번 소리를 내는지 세어 보고, 노래를 마친 후에 손가락으로 표현해 보자.<br>• 노래 속에 담긴 내용과 감정을 파악한다.<br>- 어떤 내용과 관련된 노래인 것 같니?<br>- 누가 부르는 노래일까?<br>- 노래를 부르는 사람은 어떤 마음으로 불러야 할까?<br>- 그 마음을 얼굴로는 어떻게 표현할 수 있을까?<br>• 노래 소리와 표정에 감정을 담아 불러 본다. |
| 평 가 | • 다 같이 노래를 불러 보자.<br>• 오늘 배운 노래를 들으며 어떤 생각을 하게 되었니? |

| 활동 제목 | 등장인물 가면 만들기 |
|---|---|
| 활동 유형 | 미술 활동 |
| 활동 목표 | 등장인물의 성격을 이해하고 그림으로 표현할 수 있다. |
| 준 비 물 | 머리띠, 얼굴 모양 그림(눈, 코, 입은 그려지지 않은 것), 색연필, 크레파스, 사인펜 |
| 활동 방법 | 내 용 |
| 도 입 | • 극으로 표현할 때 다양한 등장인물이 필요한 것에 대해 이야기한다.<br>- 오페라나 인형극, 뮤지컬을 본 적이 있니?<br>- 그때 등장했던 인물들은 누가 있었니?<br>- 그중에 없어도 되는 친구들이 있었니?<br>- 극은 한 명으로 하는 것도 있지만, 다양한 등장인물이 있어야만 하는 것도 있어. 누구일까? |
| 전 개 | • 등장인물이 누구인지 이야기한다.<br>- 우리가 들은 동화를 극으로 표현하려면 어떤 등장인물들이 필요할까?<br>- 동화에는 나오지 않았지만 있었으면 하는 인물이 있니? 왜 그렇게 생각하니?<br>• 각 인물의 성격을 이해하고 파악하여 어떻게 표현할지 결정한다.<br>- ○○이는 어떤 사람인 것 같아? 왜 그렇게 생각하니?<br>- ○○이는 지금 어떤 마음일까? 왜 그렇게 생각하니?<br>- 우리도 기분이 좋을 때와 안 좋을 때 표정이 달라지지?<br>- ○○이의 표정은 이때 어땠을까? 나중에는 어떤 표정으로 바뀌었을까?<br>• 자신이 맡은 등장인물의 얼굴 모양을 나누어 주면 자기 자리에 앉아 표정을 그리고 색칠한다.<br>• 머리띠에 가면을 붙인 후 머리에 쓰고 나와서 친구들에게 소개한다. |
| 평 가 | • 다 같이 모여 활동을 평가한다.<br>- 오늘 활동한 것을 보았을 때 어떤 친구가 표정을 잘 표현한 것 같아?<br>- 어떤 친구가 색을 예쁘게 칠한 것 같아? |

# 저자 소개

## 차은진

### 약력

- 총신대학교 유아교육과 졸업
- 중앙대학교 교육대학원 유아교육과 석사 졸업
- 총신대학교 교회음악과 지휘과 석사 졸업
- 동남보건대학교 보육학과 겸임 교수 역임
- 현) 해아어린이집 원장

### 수상 경력

- 창작 노래극 「사자 대왕과 왕사탕」 인천시장상 수상
- '인성 및 창의성 교육' 인천시교육감상 수상

**[개정]**

# 차은진의 유아 노래극

초판 1쇄 발행 2006년 11월 13일
초판 2쇄 발행 2009년 12월 15일
개정 1쇄 발행 2019년 1월 18일

지은이 | 차은진
펴낸이 | 김기섭
편집인 | 이윤희
펴낸곳 | 창지사 www.changjisa.com
08589 서울시 금천구 가산디지털 1로 83 파트너스타워 1차 9층
전화 (02) 719-2211~3
팩스 (02) 701-9386
등 록 | 1977년 4월 28일 · 제1-421호



ISBN 978-89-426-1173-7 (93370)

값 16,000원

이 도서의 국립중앙도서관 출판예정도서목록(CIP)은 서지정보유통시스템 홈페이지(http://seoji.nl.go.kr)와 국가자료공동목록시스템(http://www.nl.go.kr/kolis-net)에서 이용하실 수 있습니다.(CIP 제어번호: CIP2019001639)